大数据时代企业财务会计实践探索

易国承　著

暨南大學出版社
JINAN UNIVERSITY PRESS

中国·广州

图书在版编目（CIP）数据

大数据时代企业财务会计实践探索 / 易国承著. 广州 : 暨南大学出版社, 2024. 8. -- ISBN 978-7-5668-3992-3

Ⅰ. F275.2

中国国家版本馆 CIP 数据核字第 2024D4W167 号

大数据时代企业财务会计实践探索

DASHUJU SHIDAI QIYE CAIWU KUAIJI SHIJIAN TANSUO

著　者：易国承

出 版 人：阳　翼
责任编辑：高　婷　王雪琳
责任校对：刘舜怡　陈皓琳
责任印制：周一丹　郑玉婷

出版发行：暨南大学出版社（511434）
电　　话：总编室（8620）31105261
营销部（8620）37331682　37331689
传　　真：（8620）31105289（办公室）　37331684（营销部）
网　　址：http：//www. jnupress. com
排　　版：广州市新晨文化发展有限公司
印　　刷：广州方迪数字印刷有限公司
开　　本：787mm × 960mm　1/16
印　　张：13
字　　数：240 千
版　　次：2024 年 8 月第 1 版
印　　次：2024 年 8 月第 1 次
定　　价：59. 80 元

前言

大数据时代的来临是一个不可逆转的趋势，它的到来为我们带来了更加智能、便利和高效的生活与工作体验。大数据时代的来临使数据的价值得到了更加充分的体现，海量的精准数据辅以信息技术，使对现实生产生活的数据进行系统研究以探求背后规律成为可能。大数据时代的来临也对各行各业产生了深远的影响，尤其是财务会计领域。随着数据量的快速增长和种类的多样化，财务会计工作面临着前所未有的挑战和机遇。一方面，大数据技术为财务会计提供了更为全面和细致的数据支持；另一方面，大数据时代也对财务会计的工作方式和技能提出了新的要求。

随着大数据技术的不断发展，企业数据量呈现爆炸式增长的趋势，传统的财务会计方法已经难以满足企业对于数据处理和分析的需求。在大数据时代背景下，财务会计面临着数据处理量巨大、数据类型多样化、数据处理速度要求高、数据安全性要求提高等方面的严重挑战。大数据时代下的财务会计工作更加注重业财融合和价值管理，要求财务会计从业人员具备更高的数据处理和分析能力。

进入大数据时代，RPA、云计算、大数据、人工智能、区块链等技术为财务会计技术和业务创新带来了革命性的变革。企业通过引入自动化账务处理、智能财务分析和云端化财务管理等技术手段，可以大幅提高财务会计工作效率和准确性；同时，通过智能财务咨询、财务决策支持和智能风险管理等业务创新，可以为企业提供更加个性化、全面和深入的财务会计服务，推动企业的持续发展和创新。财务会计的未来发展方向将是智能化、大数据化、云计算化、ESG（环境、社会和治理）化、法规化和专业多元化。这些发展方向将推动财务会计领域的创新和变革，为企业提供更加高效、准确和有价值的财务信息支持。

本书以大数据时代为背景，以企业财务会计在企业中的实践为切入点，从大数据时代与财务会计、大数据时代下的会计信息系统、大数据时代下的财务共享服务中心、大数据时代下的智能会计核算应用、大数据时代下的财务会计创新路径、大数据时代下的财务会计发展方向六个方面探讨大数据时代企业财务会计的实践探索，希望能够为读者提供一个学习借鉴的资源，进而启发读者在大数据时代对企业财务会计工作（有所）思考。

本书在撰写过程中得到来自用友软件股份有限公司产品顾问的案例资源支持，在此表示感谢！

由于作者能力有限，不足和疏漏之处在所难免，请广大读者不吝赐教，多提宝贵意见。

易国承

2024 年 3 月 28 日

目 录

第一章　大数据时代与财务会计

大数据时代对财务会计领域产生了深远的影响。随着数据量的快速增长和数据种类的多样化，财务会计工作面临着前所未有的挑战和机遇。一方面，大数据技术为财务会计提供了更为全面和细致的数据支持。通过数据挖掘和分析，会计从业人员可以更准确地了解企业的经济状况和业务发展趋势，为企业的决策提供更加可靠的数据支持。另一方面，大数据时代也对财务会计的工作方式和技能提出了新的要求。传统的财务会计工作主要关注结构化数据的处理，而在大数据时代，非结构化数据变得越来越重要。这就要求会计从业人员不仅要掌握基本的会计知识，还要具备数据处理、数据挖掘和数据可视化等技能。

会计从业人员要不断更新自己的知识和技能，以便更好地服务于企业的经济业务发展。同时，企业和管理者也需要认识到大数据时代的变革趋势，积极应对并采取相应的措施，以推动财务会计工作的创新和发展。

第一节　大数据时代来临

大数据时代的来临是一个不可逆转的趋势，它将对我们的生活和工作产生深远的影响。我们需要积极应对和适应这个时代的变革，把握其中的机遇和挑战，推动社会的发展和进步。

大数据时代的来临使数据的价值得到了更加充分的体现。海量的精准数据辅以信息技术，使对现实生产生活的数据进行系统研究以探求背后规律成为可能。大数据时代的来临也对各行各业产生了深远的影响。政府、金融、电信等行业将继续保持增长的态势，而医疗和新零售等领域将成为大数据技术应用的新方向。大数据将与实体经济深度融合，推动各行业的创新和发展。大数据时代的来临将为我们带来更加智能、便利和高效的生活与工作体验。

一、大数据

数据产生的历史非常悠久，它是人们认识世界、描述世界、改造世界的重要工具。回溯数据的历史，可以发现，数据并不是凭空和随意产生的，它是人类对客观世界进行测量和计算的手段与结果，是人为的产物。

（一）大数据的由来

目前，学术界并没有对大数据进行统一、精准的定义。麦肯锡全球研究所将大数据定义为一种在获取、存储、管理和分析方面都远远超过传统数据库软件工具能力范围的数据集合；咨询企业高德纳认为大数据是需要新的处理模式才具有更强的决策力、洞察发现力和流程优化能力来适应海量、高增长率和多样化的信息资产。因此，我们发现大数据并不是一项全新的技术，而是数字化时代出现的一种现象。大数据技术是预测分析、数据挖掘、统计分析、自然语言处理、并行计算、数据存储等技术的综合运用，它的主要特征包括：数据规模大、数据形态多、数据速度快和数据价值大。

（二）大数据的特征

根据现在学者们的研究，大数据的特征总结起来主要体现在“4V”方面。所谓“4V”指的是“体量（Volume）、多样（Variety）、速度（Velocity）、价值（Value）”。

1. 数据规模大

大数据给人们最直接、最深刻的印象就是数据量大，在所有关于大数据的定义中，基本涉及数据规模巨大的说法，这也成为大数据的首要基本特征。大数据的起始计量单位至少是 P（1 000 个 T）、E（100 万个 T）或 Z（10 亿个 T）。数据量的增长已经远远超过了传统的数据处理能力，这使数据的收集、存储、分析和处理都面临着巨大的挑战。

2. 数据形态多

在大数据时代，大数据除了规模巨大之外，数据的性质也发生了改变。在小数据时代，数据指的是建立在测量和计算基础上的“有根据的数字”，其内涵和范围是有限的。从数据与信息的关系上看，数据与信息是两个完全不同的概念，数据是信息的载体，信息是有背景的数据。

3. 数据速度快

数据速度快指的是数据收集、传输、处理的速度快、效率高。在小数据时代，数据收集和处理主要依靠人工手段进行，不管是自然科学领域的天文观测数据、科学实验数据，还是社会科学领域的人口普查数据，都依赖人工收集，因而在数据量、速度、时效性等方面存在很多限制，并且这些数据的处理成本非常高昂。大数据速度快的特征主要体现在三个方面：一是数据生产的速度快。2008 年以来，数据量爆炸式增长，全球数据量每年翻番。二是数据处理的速度快。数据的价值随时间变化演变，时间越短，价值越大，也就是说，面对一个巨量的数据集合，处理速度越快，数据的单位价值就越大，在这个意义上可以说，在大数据时代，效率就是竞争优势。三是数据价值随时间流逝而大打折扣，这与数据的时间成本密切相关。

4. 数据价值大

大数据的体量大、形态多、速度快的特征都只是现象层面的特征，并不构成大数据与小数据形成区分的本质特征，而二者最重要的区别是价值上的区别，也就是说，大数据在价值上的特征是它最重要的特征。从大数据的现象层面深入挖掘，人们往往能够在非常大的量级和时空尺度上获得未曾发现的信息与知识，这才是大数据真正的本质所在，也是大数据的根本价值所在。因此，人们把大数据比作“黄金”“石油”，赋予它巨大的资源和价值属性。大数据在价值上的特征主要体现在三个方面：一是大数据生成的知识具有客观性；二是数据的收集和处理、信息的获得、知识的生成是自动化的；三是大数据的核心和价值在于预测未来。

（三）会计大数据

目前的会计大数据不仅包括企业内部各部门之间的信息，还包括实现具体目标的信息。通过物联网，企业可以从外部获取多样化的会计数据，比如同一个行业的报表数据，采购、销售、生产部门的客户信息，产品数据信息，国家政策等，从这些数据里面采集的信息可以是原始的，也可以是经过处理的二手信息。

1. 会计数据的数量规模大

原始数据的延伸是财务大数据。财务大数据包含内部的企业会计信息，也包含外部的子公司、分支机构的信息，数据量可以达到 PB、EB，甚至是 ZB 的水平。

2. 会计数据的种类多

会计数据不仅包括与财务有关的会计数据，比如财务会计账簿、内部控制信息、审计工作底稿、标准财务软件和审计软件输出的电子信息和其他以电子形式存在的数据，还包括非财务数据，比如工商信息等；数据的类型也是多种多样的，不再局限于文字，更多的是非结构和半结构的数据，例如图像、视听文件等。

3. 会计数据的输入和输出速度快

现今IT技术发展迅速，手机、个人计算机以及分布各个地方的传感器，都可以是数据产生的来源和接受的载体。财务数据讲求时效性，要在规定的时间范围内给出分析结果，否则就会失去数据价值。

4. 会计数据的依赖性

无论是过去还是现在，数据的产生都会有一定的依赖性。会计数据的产生依赖于会计业务的发生，可以说，没有业务的发生就没有会计数据的产生。

二、大数据时代

大数据时代指的是由于信息技术的发展和互联网的普及，产生了大量的数据，利用数据分析和处理技术对数据进行深度挖掘和应用的时代。随着大数据技术的不断发展和普及，越来越多的企业和组织开始意识到大数据的价值，并积极投入大数据技术的研发和应用中。

（一）时代的变迁

一般说来，人们习惯从生产力、生产方式、生产工具等经济角度来理解社会转型，认为社会变迁主要是经济形态的演进，把经济看作推动社会发展的重要力量。人类社会从形成到现在先后经历了农耕时代、工业时代、信息时代，现在正处于大数据时代。

1. 农耕时代

农耕时代以自然经济为主体，生产主要依靠生物能提供动力。生产资料是土地、劳动力；生产工具是铁犁、牛耕；协作模式是管控模式，如地主与农民、奴隶主与奴隶。农耕时代的社会以农业生产为主要经济支柱，农业生产主要依靠人力和畜力，生产效率较低。农耕时代的社会是自给自足的，人们生产生活所需的大部分物品都来自本地，市场交易较少。

2. 工业时代

工业时代以商品经济为主体，自然经济逐渐解体，机器生产取代大部分人力劳动，生产主要依靠机械力提供动力。工业时代的核心资源是煤炭、石油、电力以及能量源。生产资料叠加了电力、原材料、资本等，生产工具进化为机械等。协作模式的典型形象是"车间主任"，人际关系就是厂长与工人。工业时代的社会是商品经济社会，人们生产生活所需的物品大部分来自市场，市场交易频繁。

3. 信息时代

信息时代以知识经济为主体，商品经济为辅。计算机的广泛应用，实现了机器生产的自动化。生产资料又叠加了数据、风险资本等。生产工具叠加了PC、软件等。协作模式开始从"管控思维"变成"管理思维"，核心特征如打卡等动作，让人际关系变成了企业家与程序员、网管与网民的关系。信息化时代的社会是以信息产业为主要经济支柱，信息技术革命改变了人们的生活方式和工作方式，数字化、智能化成为新的发展方向，信息高速公路使时间和空间对人们的限制大大缩小，经济趋向全球化，资本趋向国际化，世界逐渐演变成"地球村"。

4. 大数据时代

大数据时代以数字经济为主体，移动互联、云计算、区块链等新技术被广泛应用，大数据时代的核心资源是算力，社会和社会生产以数据为驱动，数据成为核心经济要素。生产资料又叠加了大数据，生产工具叠加了机器人等。协作模式转变为共建共享模式，人们开始使用人工智能和机器学习技术来解决各种问题，数据价值得以发挥，市场交易数字化。

（二）大数据时代的特征

计算机技术、互联网技术、物联网技术、云计算技术的快速发展，以及无处不在的大数据技术不仅改变了人类的生产生活方式、思维方式、价值观念，也不断建构并重构着社会形态。这些技术构成了大数据时代的重要特征。

1. 物联网（Internet of Things，IoT）

物联网是大数据时代重要的推动力量之一。物联网通过连接各种智能设备、传感器和执行器，使各种物体能够收集和交换数据。这些数据不仅涵盖了传统的结构化数据，还包括大量的非结构化数据，如图像、音频和视频等。物联网设备产生的数据量巨大，且数据类型多样，为大数据分析提供了丰富的数据源。同时，物联网的实时性要求也推动了大数据处理技术的发展，使数据能够更快地被分析和应用。

2. 云计算（Cloud Computing）

云计算为大数据时代提供了强大的计算和存储能力。通过云计算，用户可以按需获取计算资源和存储空间，无须购买和维护昂贵的硬件设备。这种弹性可扩展的特性使大数据处理和分析变得更加高效与灵活。云计算还具有分布式计算和并行处理的能力，可以处理海量的数据并快速得到结果。同时，云计算的虚拟化技术也使数据的安全性和隐私性得到了更好的保障。

3. 区块链（Blockchain）

区块链为大数据时代的数据安全和信任建立提供了新的解决方案。区块链通过去中心化、分布式账本和加密算法等技术手段，确保了数据的不可篡改性和可信度。在大数据环境下，数据的安全性和隐私性是一个重要的问题。区块链技术可以有效地防止数据被篡改或窃取，保障数据的完整性和可信度。同时，区块链的智能合约功能也可以为大数据处理和分析提供自动化的规则与流程。

4. 人工智能（Artificial Intelligence，AI）

人工智能的发展为大数据时代提供了更加智能和高效的数据处理和分析技术。通过机器学习、深度学习等技术手段，人工智能可以对大数据进行自动化的分析和挖掘，发现数据中的规律和趋势。这种智能化的数据分析方式不仅可以提高处理效率，还可以发现传统方法难以发现的信息和价值。同时，人工智能还可以与云计算、物联网等技术相结合，为大数据应用提供更加智能和便捷的服务。

（三）大数据时代的会计

会计自旧石器时代中晚期萌芽，工业革命之后形成完整的理论框架。会计由最初的原始计量记录行为发展到单式簿记、复式簿记，再到会计电算化。进入大数据时代，新兴信息技术的深入应用也助推会计信息化、智能化和价值化的发展。

1. 会计信息化

会计信息化主要体现在会计的数字化和网络化，以会计信息系统为主要平台，其可以根据信息使用者的需要，提供及时、灵活、多样化的会计信息。会计信息化是指将会计信息作为管理信息资源，全面运用以计算机、网络通信为主的信息技术对其进行获取、加工、传输、应用等处理，为企业经营管理、控制决策和经济运行提供充足、实时、全方位的信息。会计信息化是信息社会的产物，是未来会计的发展方向。

2. 会计智能化

随着新一代人工智能、OCR、RPA 等技术应用到会计领域，会计工作呈现出智能化特点。会计智能化是指利用人工智能技术来简化会计工作流程，提高会计工作效率，实现会计信息化和自动化的一种技术手段。在会计智能化中，人工智能技术可以应用于数据采集、数据加工、数据存储、数据检索等环节，通过自动识别、自动处理、自动分析等技术手段，快速、准确地完成会计信息的收集、整理、存储和分析工作，大大减少了人工操作和干预，提高了会计工作的效率和准确性。同时，会计智能化还可以实现对企业经济业务的实时监控和分析，及时发现和解决企业财务管理中存在的问题，提高企业财务管理的水平和质量。

3. 会计价值化

会计价值化是指将会计工作与企业的价值管理相结合，通过会计信息的分析和利用，为企业创造价值并实现价值增值的过程。在会计价值化中，会计工作不再仅仅局限于传统的核算和报告职能，而是更加注重对企业价值的挖掘和提升。通过深入分析企业的财务状况、经营成果和现金流量等信息，会计从业人员可以为企业提供有关战略决策、风险管理、业绩评估等方面的有价值的信息和建议，帮助企业实现可持续发展和长期价值创造。同时，会计价值化还强调会计信息的透明度和可信度，通过建立完善的内部控制和审计机制，确保会计信息的真实性和准确性，为企业决策提供可靠的支持。

三、数字经济

数字经济是指以使用数字化的知识和信息作为关键生产要素，以现代信息网络作为重要载体，以信息通信技术的有效使用作为效率提升和经济结构优化的重要推动力的一系列经济活动。数字经济是继农业经济、工业经济之后的一种新的经济社会发展形态，是一种基于数字计算的经济形态，核心在于利用数据资源推动生产力发展，实现经济转型和升级。数字经济是人类通过大数据（数字化的知识与信息）的识别—选择—过滤—存储—使用，引导、实现资源的快速优化配置与再生，实现经济高质量发展的经济形态。

（一）产业数字化

产业数字化可以理解为传统产业的数字化转型，是指在新一代数字科技的支撑和引领下，以数据为关键要素，以价值释放为核心，以数据赋能为主线，用现代数字信息技术、先进互联网技术和人工智能技术对传统产业进行全方位、全角度、全链条改造，使数字技术与实体经济各行各业深度融合发展，对产业链上下游的全要素数字化升级、转型和再造的过程。

产业数字化能够助力传统企业蝶变，再造企业质量、效率新优势，促进产业提质增效，重塑产业分工协作格局，孕育新业态、新模式，加速新旧动能转换。产业数字化的特点主要体现在以下四个方面。

1. 数字技术与实体经济深度融合

产业数字化以新一代信息技术为支撑，通过将数字技术应用到传统产业的各个环节，推动实体经济与数字技术的深度融合，赋能传统产业，提升其数字化、智能化水平。

2. 数据成为关键生产要素

在产业数字化过程中，数据成为新的关键生产要素，企业通过对数据的采集、处理、分析和应用，可以优化资源配置、提高生产效率、推动产业升级。

3. 开放化融合

数据的开放、共享与流动可促进组织内各部门间、价值链上各企业间，甚至跨价值链、跨行业的不同组织间开展大规模协作和跨界融合，实现价值链的优化与重组。

4. 智能升级

通过数字技术和数据的运用，产业集群可以实现对传统产业的智能升级，提高生产效率和产品质量，优化产业结构，推动产业升级。

（二）数字产业化

数字产业化是指数据要素的产业化、商业化和市场化。数字技术带来的产品和服务，例如电子信息制造业、信息通信业、软件服务业、互联网等，都是利用数字技术所形成的产业。数字技术不断将人们生活中的信息转化为数字，并且通过特定算法将数字进行运算变成更高层次的数字，并进入更高层次流通，由此形成了与这些数字技术相关的产业。

数字产业化是数字经济的基础支撑与底座，为三次产业提质、增效、升级提供有力支撑。数字产业化是培育壮大数字经济核心产业，不断做大做强做优数字经济核心产业的必由之路。

1. 强调技术性

数字产业化更加关注数字技术的应用，强调技术性和科技含量。这意味着在数字产业化的过程中，技术扮演着至关重要的角色，包括数据处理、分析、存储等方面。

2. 泛在化普惠

无处不在的信息基础设施、按需服务的云模式和各种商贸、金融等服务平台降低了参与经济活动的门槛，使得数字经济出现“人人参与、共建共享”的普惠格局。

3. 技术融合与创新

数字产业集群通过技术融合和创新，利用5G、集成电路、软件、人工智能、大数据、云计算、区块链等技术，可产生更大效能。

4. 产业跨界与协同

数字产业是以信息为加工对象，以数字技术为加工手段，以全社会各领域为市场，包括有时无明显利润但可提升其他产业利润的公共产业。产业数字化正是以数字技术作为媒介跨界搭桥。

5. 强调单个企业

数字产业化更加注重单个企业的数字化转型，即传统企业利用数字技术提高自身的竞争力。这意味着在数字产业化的过程中，企业需要积极引入数字技术，实现自身的数字化转型。

6. 提高效率

数字产业化的主要目的是提高传统产业的效率，降低生产成本，提高产品质量。通过引入数字技术，企业可以优化生产流程，提高生产效率，降低成本，提高产品质量，从而获得更大的竞争优势。

除此之外，数字产业化的高附加值也是一个显著的特点。数字创意产业是一种倡导创新设计、融合科技创意和优秀文化内容的具有较高经济价值的产业形态。随着公众信息收集方式的改进，数字创意产业的整体利润集中在原创内容领域，内容资源的原创和整合配置正在成为产业链的核心环节。

（三）会计行业数字化转型

会计行业要适应经济社会发展的需要，和信息技术的发展保持同频。会计行业数字化转型是指利用数字技术来优化和改变会计工作的方式，提高工作效率和质量，实现会计工作的自动化和智能化。

数字化转型对会计行业影响深远。一方面，数字化转型可以提高会计工作的效率和质量，降低企业的运营成本，增强企业的竞争力；另一方面，数字化转型也对会计从业人员的素质和技能提出了更高的要求，需要他们不断学习和更新知识，以适应数字化转型的需要。数字化转型是会计行业发展的必然趋势，只有不断适应和引领数字化转型的潮流，才能在未来的竞争中立于不败之地。

1. 自动化技术的应用

随着科技的发展，许多传统的会计工作可以通过自动化工具来完成。例如，使用自动化软件进行账务处理、数据录入、报表生成等，可以大大提高工作效率，减少人为错误。此外，还有一些高级的技术，如机器学习、人工智能等，可以进一步推动会计工作的自动化。

2. 云计算和大数据技术的应用

云计算和大数据技术为会计行业带来了全新的数据处理和分析方式。通过云计算，企业可以随时随地访问其财务数据，实现数据的实时共享和协同工作。而大数据技术则可以帮助企业更好地理解和利用其财务数据，发现潜在的业务机会和风险。

3. 信息安全和风险管理

数字化转型也带来了信息安全和风险管理的问题。企业需要建立完善的信息安全体系，保护其财务数据不被非法访问和篡改。同时，企业也需要建立完善的风险管理机制，识别和应对可能的数据泄漏、数据丢失等风险。

4. 人才培养和团队建设

数字化转型需要企业拥有一支具备数字化技能的人才队伍。因此，企业需要加大对员工的培训力度，提升他们的数字化技能。同时，企业也需要通过团队建设，促进员工之间的交流和合作，共同推动企业的数字化转型。

5. 业务模式的创新

数字化转型不仅是对现有工作流程进行自动化和数字化处理，更是对业务模式的创新和重塑。例如，通过利用数字化技术，企业可以提供更加个性化、高效的会计服务，满足客户的多样化需求。

第二节　财务会计概述

财务会计主要对企业已经完成的资金运动进行系统且全面的核算与监督。它致力于提供关于企业整体及其分部的财务状况、经营成果和现金流量等经济信息，这些信息主要用于对外部利益相关者，如股东、供应商、银行、政府等提供决策支持。

财务会计是企业财务管理的基础，它使用货币作为主要量度，运用专门的方法对企业已发生的交易或事项进行确认、计量，并通过财务会计报告的形式，定期向各经济利益相关者提供会计信息。这些信息有助于使用者评估企业的财务状况、经营成果和现金流量，从而做出合理的经济决策。在现代企业中，财务会计不仅是一个记录和报告的系统，还积极参与企业的管理决策活动，促进提升企业的经济效益，从而推动企业市场经济的有序发展。

一、财务会计的概念

财务会计是以会计准则和相关法律法规为准绳，通过对企业已经完成的资金运动全面系统的核算与监督，使用自身独特的确认、计量、记录、报告等程序，以外部与企业有经济利害关系的会计信息使用者为核心，并以财务报告的形式为信息使用者提供决策信息的经济管理活动。

（一）财务会计的目标

财务会计的目标是向外部会计信息使用者提供有利于决策的信息。这些信息包括企业的财务状况、经营成果和现金流量等，以帮助会计信息使用者做出决策。

1. 提供符合国家要求的会计信息

财务会计需要按照国家宏观经济的管理要求，提供相关的会计信息，以满足政府对经济活动的监管和调控需求。这有助于保障国家经济的健康运行和持续发展。

2. 满足企业内部经营管理的需要

财务会计需要为企业内部的经营管理提供准确、及时的会计信息，帮助企业决策者了解企业的财务状况、经营成果和现金流量，从而做出科学的决策。

同时，财务会计还有助于加强企业的内部控制和风险管理，提高企业的经营效率和经济效益。

3. 满足各方了解企业状况的需要

财务会计需要向企业的外部利益相关者（如股东、债权人、供应商等）提供透明的会计信息，帮助他们了解企业的财务状况和经营成果，从而做出合理的经济决策。这有助于维护企业的信誉和声誉，促进企业与外部环境的和谐发展。

此外，随着市场经济的发展和企业经营环境的不断变化，财务会计的目标也在不断发展和完善。现代财务会计不仅关注历史成本、收益的确认和计量，还更加注重前瞻性信息的披露和预测，并强调企业的社会责任和可持续发展。因此，财务会计的目标可以概括为提供决策有用的信息，促进企业的可持续发展和社会责任的履行。

这些目标决定了财务管理的基本方向，并为财务决策、财务行为以及理财绩效的考核提供了依据。同时，财务会计的目标也是财务会计基本理论的重要组成部分，是财务会计理论体系的基础。

（二）财务会计的作用

财务会计在企业管理中扮演着至关重要的角色，是企业实现可持续发展和经济效益的重要保障。财务会计的作用主要体现在以下三个方面。

1. 提供决策有用的信息

企业财务会计通过其反映职能，提供有关企业财务状况、经营成果和现金流量方面的信息，是投资者和债权人作出决策的依据。这些信息还可以帮助企业内部管理层进行决策，从而优化资源配置，提高企业效益。

2. 规范企业行为

通过财务会计的监督和审计，可以发现并防止企业内部的财务违规行为，促进企业遵守法律法规和道德规范，提高企业透明度和诚信度，进而维护企业的形象和信誉。

3. 促进企业可持续发展

财务会计为企业提供了准确、及时、全面的财务信息，帮助企业管理层制定科学合理的经营策略，从而提高经济效益和可持续发展水平。同时，通过对经济责任的履行情况进行考核和评价，可以促进管理层更好地履行经济责任，优化资源配置，提高企业效益。

（三）财务会计的确认和计量

财务会计的确认是指将经济业务事项转化为会计要素的过程。而计量则是将经济业务事项以货币为尺度进行计量的过程。在确认和计量的过程中，需要遵循会计准则和相关法律法规，以保证会计信息的准确性和可靠性。财务会计的确认和计量是会计报表编制的前提，其恰当与否关系到会计信息的质量好坏，也关系到会计目标能否实现。

1. 会计确认

会计确认是指按照一定的标准，确认某项目是否应作为会计对象要素正式加以记录，并进一步确定已记录和加工的数据资料是否应全部列入会计报表，以及如何列入会计报表的过程。这个定义表明：项目要进行两次会计确认，解决两个问题，即第一次确认解决记录问题，第二次确认解决会计报表的提示问题。

会计确认主要是对会计信息系统中接收的经济数据加以识别、判断、选择和归类，并对应在报表中提示的信息进行再判断和再认可。

2. 会计计量

会计计量是指将符合确认条件的会计要素登记入账，并列报在财务报表而确定其余额的过程。企业应当按照规定的会计计量属性进行计量，确定相关余额。会计计量解决定量问题，解决“是多大”“是多少”的问题。

会计确认和计量是相互关联的，它们共同构成了财务会计的核心工作。通过合理的确认和计量，可以提供准确、可靠的会计信息，帮助企业做出正确的决策，提高经济效益。

（四）财务会计的报告

财务会计的报告是向外部会计信息使用者提供决策有用信息的主要形式。报告的内容包括财务报表、附注和其他相关信息，以帮助会计信息使用者全面了解企业的财务状况和经营成果。财务报表通常包括资产负债表、利润表和现金流量表，这些报表反映了企业的财务状况、经营成果和现金流量。附注和注释是对财务报表的解释和补充，帮助使用者更好地理解报表内容。

1. 资产负债表

资产负债表是反映企业在一定日期（通常为各会计期末）内财务状况（即资产、负债和业主权益的状况）的主要会计报表。资产负债表利用会计平衡原则，将合乎会计原则的资产、负债、股东权益等交易科目分为“资产”

和“负债及股东权益”两大区块，在经过分录、转账、分类账、试算、调整等会计程序后，以特定日期的静态企业情况为基准，将相关信息浓缩成一张报表。

资产负债表的内容主要包括资产、负债和所有者权益。资产是企业所拥有的各种经济资源，包括流动资产和非流动资产；负债是企业所欠的债务，包括短期负债和长期负债；所有者权益是企业股东对企业的投资及其收益形成的资本公积、盈余公积和未分配利润。资产负债表是财务管理的重要工具之一，它可以帮助企业了解自身的财务状况，评估企业的偿债能力和投资风险，为企业的决策和发展提供重要的信息支持。

2. 利润表

利润表是反映企业在一定会计期间经营成果的报表。常见的利润表结构主要有单步式和多步式两种。单步式利润表将本期所有收入及费用列在一起，得出本期净损益。多步式利润表将损益类项目按利润构成的主要环节列示，分步计算每一个收益项目。利润表的主要作用是衡量企业目前的盈利能力，预测企业未来的盈亏状况，是非常有用的报表之一。

利润表一般有表首、正表两部分。其中表首说明报表名称、编制单位、编制时间、报表编号、货币种类等；正表是利润表的主体，反映形成经营成果的各项目和计算过程，所以各项目的数据金额是根据有关收入、费用以及构成利润的各损益项目金额的归类分项编制而成的。

3. 现金流量表

现金流量表所表达的是在一固定期间（通常是每月或每季）内，一家机构的现金（包含银行存款）的增减变动情况。现金流量表主要是反映资产负债表中各个项目对现金流量的影响，并根据其用途划分为经营、投资及融资三个活动分类。现金流量表可用于分析一家机构在短期内有没有足够现金去应付开销。

从编制原则上看，现金流量表按照收付实现制原则编制，将权责发生制下的盈利信息调整为收付实现制下的现金流量信息，便于信息使用者了解企业净利润的质量。从内容上看，现金流量表被划分为经营活动、投资活动和筹资活动三个部分，每类活动又分为各类具体项目，这些项目从不同角度反映企业业务活动的现金流入与流出情况，弥补了资产负债表和利润表提供信息的不足。

（五）财务会计的内部控制

为了确保财务会计信息的准确性和可靠性，企业需要建立完善的内部控制制度。内部控制制度包括内部会计控制和内部管理控制两个方面，以发现和防止错误与舞弊行为。

1. 内部控制原则

（1）合法性原则。企业必须以国家的法律法规为准绳，在国家的规章制度范围内，制定本企业切实可行的财务内控制度。这是企业建立内控制度体系的基础。

（2）整体性原则。企业的财务内控制度必须充分涉及企业财务会计工作各个方面的控制，它既要符合企业的长期规划，又要注重企业的短期目标，还要与企业的其他内控制度相互协调。

（3）针对性原则。企业的财务内控制度必须针对企业经济活动中存在的薄弱环节、容易出问题的环节、重要事项等，采取更为严格的控制措施，做到防患于未然。

（4）一致性原则。企业的财务内控制度必须与企业其他内控制度相互协调，不能出现相互矛盾的情况。

（5）有效性原则。企业的财务内控制度必须能够有效地控制企业的经济活动，保证企业的财务信息真实、完整、准确。

2. 内部控制实施

财务会计的内部控制是企业管理的重要一环，它有助于保障企业财务信息的真实性和完整性，提高企业的经济效益和管理水平。在具体实施方面，财务会计的内部控制包括以下三个方面。

（1）会计控制。企业的会计从业人员通过会计信息来参与、控制本企业的经济活动。具体表现形式包括基本财务会计制度、财务管理制度、财务审核制度、资金管理制度、实物控制制度、财务人员管理制度和财务考核制度等。

（2）内部审计。内部审计是企业内部控制的重要组成部分，通过对企业的经济活动进行监督和评价，确保企业财务信息的真实性和完整性。

（3）内部控制体系。企业应建立完善的内部控制体系，包括风险评估、控制活动、信息与沟通、监督等要素，确保企业的经济活动得到有效的控制和管理。

二、财务会计的核算

财务会计的核算是以货币为主要计量单位，通过一系列专门的会计方法，对企业的经济活动进行连续、全面、系统的记录和核算。这个过程旨在为企业提供决策所需的会计信息，反映企业的财务状况、经营成果和现金流量情况。

（一）业务核算流程

财务会计通过规划的业务核算可以系统地记录和处理企业的经济业务，提供准确、及时、可靠的会计信息，为企业的内部管理和外部决策提供有力的支持。财务会计的核算流程主要包括以下七个步骤。

1. 设置账户

这是对会计核算的具体内容进行分类核算和监督的一种专门方法。由于会计对象的具体内容是复杂多样的，为了能对其进行系统地核算和经常性监督，就需要对经济业务进行科学的分类，以便分门别类地、连续地记录，从而取得多种不同性质、符合经营管理所需要的信息和指标。

2. 复式记账

这是对所发生的每项经济业务，以相等的金额，同时在两个或两个以上相互联系的账户中进行登记的一种记账方法。复式记账方法可以全面反映每一笔经济业务的来龙去脉，而且可以防止差错和便于检查账簿记录的正确性与完整性，是一种比较科学的记账方法。

3. 填制凭证

会计凭证是记录经济业务、明确经济责任、作为记账依据的书面证明。正确填制和审核会计凭证，是核算和监督经济活动财务收支的基础，也是做好会计工作的前提。

4. 登记账簿

登记账簿简称记账，指以审核无误的会计凭证为依据，在账簿中连续地、完整地记录各项经济件业务，以便为经济管理提供完整、系统的各项经济业务记录，为经济管理提供完整、系统的财务会计核算资料。账簿记录是重要的会计资料，是进行会计分析、会计检查的重要依据。

5. 成本计算

成本计算是按照一定对象归集和分配生产经营过程中发生的各种费用，以便确定各对象的总成本和单位成本的一种专门方法。产品成本是综合反映企业生产经营活动的一项重要指标。正确地进行成本计算，可以考核生产经营过程的费用支出水平，同时是确定企业盈亏和制定产品价格的基础，并为企业进行经营决策提供重要数据。

6. 财产清查

财产清查是通过盘点实物、核对账目，查明各项财产物资实有数额的一种专门方法。通过财产清查，可以提高会计记录的正确性，保证账实相符。同时，财产清查还可以查明各项财产物资的保管和使用情况以及各种结算款项的执行情况，以便及时对积压或损毁的物资和逾期未收到的款项采取措施，进行清理，并能加强对财产物资的管理。

7. 编制报表

编制报表是一种以特定表格的形式，定期并总括地反映企业、行政事业单位的经济活动情况和结果的专门方法。会计报表主要以账簿中的记录为依据，经过一定形式的加工整理而产生一套完整的核算指标，用来考核、分析财务计划和预算执行情况以及作为编制下期财务和预算的重要依据。

在具体实施方面，财务会计的流程可能因企业规模、业务复杂程度等因素而有所不同。一般来说，大型企业或集团公司可能采用更为复杂的流程和制度，而小型企业或个体工商户则可能采用较为简单的流程和制度。

（二）业务核算要求

财务会计核算要求准确的收入、支出记录，包括准确的时间、数量、金额、单位等信息。同时，财务会计核算必须遵守国家的会计制度，按照规定的会计科目和账户进行设置，采用复式记账法，填制会计凭证，登记会计账簿，进行成本核算、财产清查，并编制财务会计报告。

1. 真实性与客观性

会计核算必须以实际发生的经济业务为依据，如实反映企业的财务状况和经营成果，确保会计信息的真实性和客观性。

2. 准确性与及时性

在会计核算过程中，所处理的事项必须确保其合理性和准确性，不得出现错误或遗漏。会计核算应按时取得会计处理的记录和计算数据，确保会计信息的及时性和时效性。

3. 完整性与可比性

会计核算应对生产经营活动和其他活动的各方面或全过程进行全面的记录、计算和报告，不得遗漏任何重要的经济事项。会计核算对发生的经济业务应从多方面进行比较，以便于分析和评价企业的财务状况和经营成果。

4. 合法性与一致性

企业应按照规定的且前后各期一致的会计处理方法对所发生的经济业务进行会计核算，确保会计信息的合法性和一致性。

这些核算要求共同构成了财务会计核算的基础和准则，旨在确保会计信息的准确性、可靠性、及时性和完整性，从而为企业的内部管理和外部决策提供有力的支持。

三、财务会计的规范

财务会计规范是指制约财务会计实务的法律、法规、准则和制度的总称。这些规范是约束财务会计行为的标准，也是对财务会计工作进行评价的依据。它们的主要目标是确保会计信息的真实性、准确性、完整性和可比性，从而为企业内、外部的决策提供可靠的依据。

（一）财务会计制度规范

财务会计的制度规范是一个综合性的体系，涉及多个方面和环节。企业需要根据自身实际情况和业务需求，制定适合的财务会计规范制度和管理制度，确保财务信息的真实性和完整性，提高企业的经济效益和管理水平。财务会计的制度规范主要包括以下六个方面。

1. 会计法

会计法是规范财务会计行为的基本法律，规定了会计工作的基本原则、会计核算的基本要求、会计凭证的编制和审核、会计账簿的登记和保管等方面的内容。

2. 公司法

公司法是规范企业组织行为的法律，规定了企业的设立、变更、解散、清算等方面的内容，也涉及财务会计的规范制度。

3. 企业财务通则

企业财务通则是对企业财务管理的基本要求和规范，包括财务管理的基本原则、财务管理的组织机构、财务预算、财务分析等方面的内容。

4. 企业会计准则

企业会计准则是对企业会计核算的基本要求和规范，包括会计核算的基本原则、会计要素的确认和计量、会计报表的编制和披露等方面的内容。

5. 会计基础工作规范

会计基础工作规范是对企业会计基础工作的基本要求和规范，包括会计人员的职业道德、会计核算的规范、会计档案的管理等方面的内容。

6. 企业会计信息化工作规范

企业会计信息化工作规范是为推动企业会计信息化、节约社会资源、提高会计软件和相关服务质量、规范信息化环境的会计工作。

除了以上六个方面的规范制度，还有一些其他的规范制度，如内部控制制度、财务报告制度、税务处理制度等。这些规范制度都是为了保障企业财务信息的真实性和完整性，提高企业的经济效益和管理水平。

（二）财务会计工作规范

财务会计工作规范涵盖了多个方面，包括凭证管理、账簿管理、报表编制、成本控制、税务管理、风险管理和内部审计等。这些规范旨在确保财务会计工作的规范化和标准化，提高会计信息的质量和可靠性，为企业的发展提供有力的支持。

1. 凭证管理

财务会计需要妥善保管原始凭证，确保其真实、完整、合法。在编制记账凭证时，需要严格按照会计准则和相关法律法规进行确认与计量，确保会计信息的准确性和可靠性。

2. 账簿管理

财务会计需要按照会计制度的规定，建立并登记明细分类账、总账等账簿。在登记账簿时，需要按照规定的会计科目、时间顺序、金额等进行记录，确保账簿的完整性和准确性。

3. 报表编制

财务会计需要根据会计制度和相关法律法规的要求，编制财务报表和其他相关报表。在编制报表时，需要确保报表的准确性和完整性，及时向外部会计信息的使用者提供有利于决策的信息。

4. 成本控制

财务会计需要参与企业的成本控制工作，通过对成本的分析和控制，降低企业的成本支出，提高企业的盈利能力和竞争力。

5. 税务管理

财务会计需要根据国家的税收法规和政策，编制税务报表，进行税务申报和缴纳。在税务管理过程中，需要确保企业的税务合规性，避免因违反税收法规而产生的风险。

6. 风险管理

财务会计需要参与企业的风险管理过程，通过对企业面临的各种风险进行分析和评估，制定相应的风险管理措施，降低企业的风险损失。

7. 内部审计

财务会计需要配合内部审计机构的工作，提供必要的财务信息和资料，协助内部审计机构对企业的财务状况和经营成果进行监督与检查。

（三）财务会计职业道德规范

财务会计职业道德规范是财务会计从业人员在职业活动中应当遵循的行为准则，旨在保障会计信息的真实性、准确性、完整性和公正性，维护社会经济秩序和公众利益。财务会计从业人员需要遵守的会计职业道德规范主要包括以下三个方面。

1. 坚持诚信，守法奉公

财务会计从业人员应牢牢树立诚信理念，以诚立身、以信立业，严于律己、心存敬畏；同时，应学法知法守法，公私分明、克己奉公，树立良好职业形象，维护会计行业声誉。

2. 坚持准则，守责敬业

财务会计从业人员应严格执行准则制度，保证会计信息真实完整。在工作中，财务会计从业人员应勤勉尽责、爱岗敬业，忠于职守、敢于斗争，自觉抵制会计造假行为，维护国家财经纪律和经济秩序。

3. 坚持学习，守正创新

财务会计从业人员应秉持专业精神，勤于学习、锐意进取，持续提升专业能力；同时，应不断适应新形势、新要求，与时俱进、开拓创新，努力推动财务会计行业高质量发展。

第三节　大数据时代对财务会计的影响

大数据时代对财务会计带来了多方面的影响，包括决策文化的转变、技术工具的革新、对实时性要求的提高、对数据安全和隐私保护的挑战以及对人才素质的新要求。这些影响要求财务会计不断适应和创新，以更好地服务于企业的发展和战略目标的实现。

一、对财务会计环境的影响

大数据时代对企业财务会计环境的影响是多方面的，它既带来了前所未有的机遇和优势，也伴随着一系列的挑战和风险。企业需要全面认识这些影响，积极应对挑战，抓住机遇，充分利用大数据的价值推动企业的发展。

（一）存在的机遇

大数据时代为企业财务会计带来了众多机遇，这有助于提升企业的决策支持能力、预测准确性、成本管理和控制水平以及财务管理效率，促进部门间的协同合作。企业需要抓住这些机遇，积极应用大数据技术，推动财务会计工作的创新和发展。

1. 增强决策支持能力

大数据技术使企业能够收集和分析大量的内、外部数据，从而提供更全面、深入的信息支持。通过挖掘数据中的关联性和趋势，财务会计能够为企业提供更准确、及时的财务信息，帮助决策者做出更明智的决策。例如，通过对历史销售数据的分析，可以预测未来的销售趋势，从而指导库存管理和生产计划。

2. 提高预测准确性

大数据技术的应用使企业能够进行更精细的市场预测和经济预测。通过分析大量的数据，财务会计可以揭示出隐藏在数据背后的规律，从而为企业提供更准确的预测。这种预测不仅有助于企业制订更合理的财务计划，还有助于企业识别潜在的市场机会和风险。

3. 优化成本管理和控制

大数据技术可以帮助企业实现更精细的成本管理和控制。通过对各项成本数据的收集和分析，财务会计能够更准确地了解成本构成和变动趋势，从而使企业制定更科学的成本控制策略。此外，大数据技术还可以帮助企业发现成本节约的潜力，提高经济效益。

4. 创新财务管理模式

大数据技术的应用为财务会计带来了新的管理模式。例如，通过实时收集和分析数据，企业可以实现动态财务管理，及时调整财务策略以适应市场变化。此外，大数据还可以帮助企业实现财务管理的智能化和自动化，提高工作效率和准确性。

5. 促进部门间的协同合作

大数据技术的应用使财务会计能够与其他部门实现更紧密的协同合作。通过共享数据和分析结果，财务会计可以为其他部门提供更准确、及时的信息支持，促进跨部门之间的沟通和协作。这种协同合作有助于提高企业的整体运营效率和竞争力。

（二）面临的挑战

大数据时代给企业财务会计带来了多方面的挑战，包括以下五个方面。

1. 数据处理和整合的挑战

大数据的显著特点是数据规模庞大、类型多样。这意味着企业财务会计需要处理的数据量剧增，同时还需要整合不同来源、不同格式的数据。这不仅需要高效的数据处理工具和技术，还需要专业的数据整合能力，以确保数据的准确性和一致性。

2. 数据安全和隐私保护的挑战

随着数据量的增加和数据类型的多样化，数据安全和隐私保护成为一个重要的挑战。财务会计数据往往涉及企业核心的商业秘密和客户的敏感信息，如果数据泄漏或被滥用，将给企业带来重大的经济损失和声誉风险。因此，企业需要采取有效的安全措施和技术手段来保护数据的安全与隐私。

3. 技术更新和人才培养的挑战

大数据技术的应用需要专业的技术和人才支持。然而，当前许多企业的会计从业人员缺乏大数据处理和分析的技能，这使企业面临技术更新和人才培养的挑战。为了应对这一挑战，企业需要投入资源进行技术培训和人才培养，提升会计从业人员的技能和素质。

4. 法规和合规性的挑战

随着大数据技术的发展和应用，相关的法律法规和监管也在不断加强。企业需要确保在大数据处理和使用过程中遵守相关法律法规，避免法律风险。这要求企业财务会计人员不仅要具备专业的技术技能，还需要了解相关的法律法规和合规要求。

5. 数据质量和准确性的挑战

大数据中可能存在大量不完整、不准确或不一致的数据，这对财务分析的准确性构成了挑战。企业需要建立完善的数据质量管理和数据清洗机制，确保数据的准确性和可靠性。

（三）具备的优势

大数据时代为企业财务会计带来了众多优势，包括提升数据处理效率、支持精确预测和决策、优化资源配置和风险管理、推动财务创新和转型以及提高决策的科学性和透明度。这些优势有助于企业在竞争激烈的市场环境中保持领先地位并实现可持续发展。

1. 提升数据处理效率

在大数据时代，企业可以利用先进的数据处理和分析工具（如云计算和人工智能）自动化处理和分析大量的财务数据。这极大地提高了数据处理的效率，减少了人工操作的时间和错误，使财务会计从业人员能够更专注于分析和提供决策支持。

2. 支持精确预测和决策

通过收集和分析大量的内、外部数据，财务会计可以为企业提供更准确、及时的财务信息。这有助于企业更好地了解市场趋势、客户需求和业务运营情况，从而做出更明智的决策。例如，通过对历史销售数据的分析，可以预测未来的销售趋势，指导库存管理和生产计划。

3. 优化资源配置和风险管理

大数据技术可以帮助企业更全面地了解自身的财务状况和运营情况，从而更准确地评估风险和机会。这有助于企业优化资源配置，降低运营成本，提高经济效益。同时，通过对大数据的分析，企业还可以及时发现潜在的风险和问题，并采取相应的措施进行应对和管理。

4. 推动财务创新和转型

大数据技术的应用为企业财务会计带来了新的机遇和挑战，也推动了财务领域的创新和转型。企业可以利用大数据技术进行财务数据的挖掘和分析，发现新的商业模式和盈利机会。同时，随着大数据技术的发展和应用，财务会计的职能和角色也在发生变化，从传统的记账和核算向更高级别的决策支持和战略管理转变。

5. 提高决策的科学性和透明度

大数据技术的应用使企业决策更加基于数据驱动。通过收集和分析大量的数据，企业可以更加全面地了解自身的运营情况和市场环境，从而做出更加科学、合理的决策。此外，大数据还可以提高决策的透明度，使决策过程更加公平、公正、公开。

（四）遇到的风险

大数据时代给企业财务会计带来了多方面的风险，包括数据质量和准确性的风险、数据安全和隐私泄露的风险、技术依赖和更新换代的风险、法规遵从和合规性的风险以及人才短缺和培训成本的风险。

1. 数据质量和准确性的风险

大数据环境下，数据来源多样且规模庞大，其中可能包含大量不完整、不准确或不一致的数据。低质量的数据可能导致财务分析结果失真，进而影响企业的决策和战略规划。此外，在数据清洗和整合过程中也可能出现错误或遗漏，这会进一步降低数据的质量。

2. 数据安全和隐私泄露的风险

大数据时代，企业的财务数据往往涉及核心商业秘密和客户的敏感信息。如果数据保护措施不到位，可能导致数据泄漏或被黑客攻击，给企业带来重大的经济损失和声誉风险。此外，随着数据共享和协作的增多，数据泄漏的风险也随之增加。

3. 技术依赖和更新换代的风险

企业财务会计在大数据时代越来越依赖先进的技术工具和系统。然而，技术更新换代的速度很快，如果企业不能及时跟上技术的发展步伐，可能导致技术落后或系统崩溃，进而影响企业的正常运营和财务管理。

4. 法规遵从和合规性的风险

随着大数据技术的发展和应用，相关的法律法规和监管也在不断加强。企业需要确保在大数据处理和使用过程中遵守相关法律法规，避免法律风险。然而，由于法规的复杂性和不断更新，企业可能面临合规性的挑战和风险。

5. 人才短缺和培训成本的风险

大数据技术的应用需要专业的技术和人才支持。然而，当前许多企业的财务会计人员缺乏大数据处理和分析的技能，这可能导致人才短缺和培训成本的增加。企业需要投入大量资源进行人才招聘和培训，以适应大数据时代的发展需求。

二、对财务会计工作的影响

大数据时代对财务会计工作的影响是全方位的，涉及会计本质、会计假设、会计对象、会计范围以及会计报告多个方面。这些影响要求财务会计工作不断创新和适应新的环境，以更好地服务于企业的发展和决策需求。

（一）会计本质

会计本质，是会计自身具备的关键特点，这种特点对会计的表现和发展具有决定性作用。会计的本质是对经济活动进行记录、分类、分析和解释，以提供有关企业财务状况和经营成果的信息。这些信息对于企业管理者、投资者、债权人和其他利益相关者的决策具有重要意义。大数据时代下的会计本质发生了变化。传统的会计本质主要关注历史交易数据的记录和报告，而大数据时代下的会计本质更加注重对数据的处理和分析，以提供更加准确、全面和及时的信息，支持企业的决策和价值创造。

1. 从记录历史到预测未来

传统的会计主要关注历史交易的记录和处理，是一种回顾性的工作。然而，在大数据时代，会计更加注重数据的收集、处理和分析，以对企业财务状况和业绩进行深入洞察。会计不再仅仅是记录历史，而是基于数据分析和预测，为企业未来的决策和发展提供有力支持。

2. 从单一核算到全面分析

在传统的会计核算中，主要关注的是企业的财务状况和经营成果。但在大数据时代，会计不再局限于财务数据的核算，而是扩展到企业的各个层面和维度，包括组织结构、机构设置、业务流程等。会计可以通过对数据的全面分析，为企业提供全方位的会计分析和预测，为企业的经营发展决策提供依据。

3. 从孤立核算到数据整合

在传统的会计工作中，各个部门之间的数据往往是孤立的，缺乏整合和共享。然而，在大数据时代，通过先进的技术手段，可以实现企业内部各个部门之间数据的整合和共享。这使会计可以更加全面地了解企业的运营状况和财务状况，提供更准确、全面的财务信息。

4. 从成本中心到价值创造

在传统的会计工作中，会计从业人员往往被视为成本中心，主要承担数据处理和报告的任务。然而，在大数据时代，会计从业人员可以通过对数据的深入分析和挖掘，发现企业的潜在价值和机会，为企业的价值创造做出贡献。会计从业人员不再仅仅是成本中心，还作为价值创造的角色，贯穿于企业运营发展的全过程。

（二）会计假设

会计假设是进行会计核算的先决因素。面对大数据时代，会计的环境向复杂化、综合化发展，会计假设也发生了相应的改变，如会计主体愈加多元化、会计分期不确定性、货币不再是计量单位的唯一选择等。大数据时代下的会计假设与传统会计假设相比，存在一些差异。

1. 会计主体假设

会计主体概念是指会计工作特定的空间范围，它是确定特定企业所掌握的经济资源和其进行的经济业务的基础，从而也是规定有关记录和报表所涉及的范围的基础。会计主体假设把特定经济单位与其他经济实体以及该单位的业主、经理和雇员区分开来，从而对该单位的财务信息进行确认、计量、记录和报告，以更好地提供会计信息。传统的会计实体假设将企业与其所有者和其他实体区分开来，认为企业是一个独立的法律和经济实体。然而，在大数据时代，企业的边界变得更加模糊，企业与外部环境的互动更加紧密。因此，实体假设需要进行扩展，考虑到企业与外部环境之间的互动和影响。

随着互联网和电子商务的日益成熟，网络上的虚拟企业将会不断涌现。虚拟企业是存在于计算机网络之中的临时结盟体，它不同于传统意义上的企业。虚拟企业是在网络空间中的企业，没有确定的物理实体。它们根据迅速变化的市场，为更有效地向市场提供商品和服务，而由多个企业甚至几个人相互联合形成企业，是一种全新的合作形式。随着各组合方的市场目标的变化，虚拟企业可以灵活的重组、变大、缩小或解体。因此，今天所产生的虚拟企业等就无法包含在传统的会计主体假设范围内。但是虚拟企业、网络公司等虚拟的主体也要进行会计核算，也要对外提供会计信息，因此有必要对会计主体的内涵要进行扩展。

2. 货币计量假设

传统的会计假设中，货币是主要的计量单位，用于衡量和报告企业的经济活动。然而，在大数据时代，随着非货币性信息的重要性日益凸显，货币计量假设需要进行扩展。除了货币信息外，还应考虑其他非货币性信息，如客户行为数据、市场份额、员工满意度等。这些非货币性信息对于评估企业的整体价值和竞争力至关重要。

知识经济时代，有很多难以用货币计量，却对使用者的决策有用的信息，如果单纯用货币计量，这些都只能排除在财务报表甚至财务报告之外，从而导致公众看到的财务报告是不完整的，所得到的信息也是不充分的，因此要考虑在用货币反映会计信息的基础上，增加一些非货币的反映的信息。货币计量仅仅反映能够量化的事项，企业中的很多不能量化的事项如人力资源、知识资本、信息的价值、员工对于企业的忠诚、管理人员的素质、经营技能的高低等，这些对于企业经营的成败都会产生至关重要的影响，都应设法予以反映。因此我们必须扩大对于企业信息反映的方式。

3. 持续经营假设

持续经营假设是指企业在可预见的将来将继续经营下去，不会面临破产或清算的情况。在传统的企业形式下，持续经营假设符合大部分企业的情况，据此提供的会计信息与会计目标也相一致。然而，在大数据时代，企业的经营环境（变得）更加复杂和多变，企业可能面临更多的不确定性和风险。因此，持续经营假设需要重新审视，并考虑到企业可能面临的短期或长期风险和挑战。

在大数据时代，虚拟企业的产生使持续经营假设暂时受到了挑战。技术的更新周期缩短、频率加快，使企业必须加大研究开发的投入，以适应市场的需要。而市场需求的变化频繁和多样，使研究与开发适合市场需要的产品藏着很大的风险，这些使持续经营假设面临严峻的考验。因此，在持续经营假设的基础上，会计从业人员需要更加关注企业的风险管理和预测能力，以便及时应对各种挑战。

4. 会计分期假设

传统的会计分期假设将企业的经营活动划分为若干个固定的时间段（如年度、季度等），并据此编制财务报表。然而，在大数据时代，企业的经营活动可能更加频繁和复杂，需要更加灵活和及时的财务报告。因此，会计分期假设应更加灵活，可以根据企业的实际情况和需求进行调整。

大数据时代下，企业的业务活动更加频繁和复杂，会计信息披露的频率因成本低廉而加快，由于计算机技术的发展，信息成本可大幅下降，也为缩短会计期间、提高风险控制频率创造了条件。在强调会计信息及时、准确性的今天，可以适当地缩短会计期间，如以旬为单位进行分期，提供旬报、周报，甚至日报，或者提供更为灵活的会计分期。

（三）会计对象

大数据时代下的会计对象发生了变化。传统的会计对象主要是指企业的资产、负债、所有者权益等财务要素。在大数据时代，会计对象扩展到了与财务相关的非财务数据。

1. 会计对象不断扩大

传统会计主要关注企业的经济交易和事项，数据范围相对有限。然而，在大数据时代，会计对象不再局限于传统的经济交易和事项，而是包括了更广泛的数据范围，如客户数据、市场数据、竞争对手数据等。这些数据包括结构化和非结构化的数据，如社交媒体上的用户评论、物联网设备产生的实时数据等。这些数据为企业提供了更丰富的信息来源，有助于更全面地了解企业的运营状况和市场需求。

2. 数据信息为重要新对象

传统的会计工作主要关注历史交易数据的记录和报告，而在大数据时代，会计从业人员需要处理和分析海量、多来源、多样化的数据，包括结构化数据（如财务数据）和非结构化数据（如社交媒体数据、客户行为数据等）。数据处理和分析成为会计工作的重要新对象，会计从业人员需要掌握相关的数据处理和分析技术，以提取有价值的信息，支持企业的决策。

（四）会计范围

低层次需求下的企业会计范围较为限制，仅包括企业自身的交易事项。随着经济的发展和会计需求的高层次进化，企业越来越具有开放性，传统的会计范围也已经无法满足大数据时代人们的需求，因此，大数据时代的会计范围扩展到与企业相关的所有交易事项。大数据时代下会计的对象和范围都发生了显著的变化。这些变化使会计能够更全面地了解企业的运营状况和市场环境，为企业的决策和发展提供有力支持。同时，这也要求会计从业人员具备更高的数据处理和分析能力，以适应大数据时代的新要求。

1. 从内部到外部

传统会计主要关注企业的内部交易和事项。然而，在大数据时代，企业的边界变得模糊，与外部环境的互动更加紧密。因此，会计的范围从内部扩展到了外部，包括供应链、客户、竞争对手等相关数据和信息。

2. 从过去到现在及未来

传统会计主要关注过去的经济交易和事项。然而，在大数据时代，会计的范围不仅包括过去的数据，还包括现在的实时数据以及未来的预测数据。这使会计能够为企业提供更加全面、更有前瞻性的信息。

（五）会计报告

在传统的会计模式和低层次会计需求下，信息使用者被看作一个整体，因此，每个人获得的财务报告一般都是一样的。但事实上，随着需求的复杂化和多样化，现代的会计报告应考虑不同信息使用者的需求。在大数据环境下，会计范围不断扩展，信息的获取不再局限于会计数据，而是对整体的经济活动进行全方位记录。因此会计应根据不同的信息使用者的需要形成个性化的财务报告。

1. 报告频率的实时性

传统的会计报告通常是定期的，如年度报告、季度报告等，存在一定的滞后性。然而，在大数据时代，企业可以利用先进的技术手段实现实时的财务报告，即财务报告的编制可以更加迅速和及时，以反映企业的即时财务状况和经营成果。这种实时财务报告能够帮助投资者、债权人等外部使用者及时获取企业最新的财务信息，做出更准确的决策。

2. 报告内容的多样性

传统的会计报告主要关注历史交易的记录和处理，内容相对固定。但在大数据时代，会计报告的内容得到了极大的丰富和扩展。除了传统的财务信息外，会计报告还纳入了更多的非财务信息、前瞻性信息以及业务数据等。这些信息能够帮助使用者更全面地了解企业的运营状况、市场环境以及未来发展趋势。同时，会计报告还开始关注企业的社会责任、环境影响等非经济因素，以反映企业的综合表现。

3. 报告形式的个性化

传统的会计报告通常采用统一的格式和标准，缺乏个性化和灵活性。然而，在大数据时代，随着数据处理和分析能力的提升，会计报告的形式也开始变得更加个性化和可视化。企业可以根据不同用户的需求和偏好，定制个性化的财务报告，以满足用户的特定需求。同时，通过可视化技术的运用，如图表、图像等，会计报告可以更直观地展示数据和信息，提高用户的阅读体验和理解度。

4. 报告质量的提升

大数据技术的应用有助于提高会计报告的质量。通过收集和分析大量的数据，企业可以更准确地评估财务状况和经营成果，减少人为错误和舞弊的风险。同时，大数据还可以帮助企业发现潜在的财务风险和市场风险，及时采取应对措施，从而提高会计报告的可靠性和准确性。

三、对会计从业人员的影响

在大数据时代，会计从业人员需要利用先进的信息技术，如人工智能、云计算等，对大量的数据进行分析和挖掘，提取有价值的信息，为企业的决策提供更加准确的数据支持。同时，会计从业人员还需要关注企业的业务流程和市场需求，将财务管理与业务管理深度融合，为企业提供更加精准的财务分析和建议。

（一）专业知识

在大数据时代，会计从业人员需要掌握的专业知识涵盖会计基础、大数据技术与应用、数据可视化与报告编制以及财务法律法规与伦理道德等多个方面。这些知识的综合运用将帮助会计从业人员更好地应对大数据时代的挑战，为企业的决策和发展提供有力支持。

1. 深化专业知识

在大数据时代，随着财务软件和系统的智能化程度不断提高，会计从业人员需要更加深入地了解和应用会计、财务、税法等相关专业知识。这些专业知识将帮助他们在智能系统中更有效地进行数据处理和分析。

2. 拓宽知识领域

除了传统的会计知识，会计从业人员还需要学习并掌握与智能财务相关的知识，如人工智能、机器学习、大数据分析等。这些新兴领域的知识将有助于他们更好地理解和应用智能财务系统。

3. 关注法律法规和伦理

随着技术的发展，与数据保护、隐私权益相关的法律和伦理问题也愈发重要。会计从业人员需要关注这些领域的最新动态，确保在智能财务时代的工作符合相关的法律法规和伦理标准。

（二）核心技能

在大数据时代，会计从业人员需要掌握的核心技能主要包括数据分析能力、数据可视化技能、信息技术应用能力及沟通协调能力。

1. 数据分析能力

这是大数据时代会计工作的核心技能。会计从业人员需要能够运用数据分析工具和技术，如数据挖掘、统计分析等，对海量数据进行处理、分析和解读，以提取有价值的信息。这些信息可以为企业决策提供重要参考。

2. 数据可视化技能

将复杂的数据转化为直观、易懂的图表和报告是大数据时代下会计工作的另一项重要技能。会计从业人员需要掌握数据可视化工具和技术，如 Excel、Tableau 等，将数据以直观、美观的方式呈现出来，帮助非专业人士更好地理解和分析数据。

3. 信息技术应用能力

在大数据时代，会计从业人员需要熟练掌握各种会计软件和工具，如 ERP 系统、云计算平台等。这些技术的应用可以提高会计工作的效率和准确性，推动企业的数字化转型。

4. 沟通协调能力

在大数据时代，会计工作与其他部门的交叉融合更加紧密。会计从业人员需要具备良好的沟通协调能力，与其他部门进行有效的合作和沟通，确保数据信息的准确传递和共享。

（三）职业素养

在大数据时代，会计从业人员需要具备的职业素养包括诚实守信、敬业精神、保密意识与责任感、学习与创新能力。这些职业素养的提升将有助于会计人员在大数据时代下更好地履行职责，为企业的发展提供有力支持。

1. 诚实守信

会计是企业的重要财务管理人员，应当保持真实、准确、完整、清晰的会计记录，不弄虚作假，不私自篡改财务数据。这是会计工作的基石，也是会计从业人员的首要职业素养。在智能财务系统中，数据的真实性和可靠性尤为重要。会计从业人员需要具备高度的诚信意识，确保数据的准确性，并承担起在智能系统中可能出现的各种责任。

2. 敬业精神

会计从业人员应当热爱本职工作，努力钻研业务，使自己的知识和技能适应所从事工作的要求。在大数据时代下，这种敬业精神尤为重要，因为数据处理和分析工作往往非常复杂和烦琐。

3. 保密意识与责任感

在大数据时代，企业的财务信息具有高度保密性。会计从业人员应当严守商业秘密，不得泄漏企业的财务信息，确保信息安全。这是对会计从业人员职业道德的重要要求。会计从业人员应当对企业财务管理负责，承担起自己的职责。在大数据时代下，随着数据量的剧增和数据处理难度的提高，更需要会计从业人员有强烈的责任感，确保数据处理的准确性和及时性。

4. 学习与创新能力

在大数据时代，会计行业日新月异，会计从业人员需要保持学习和更新知识的能力，掌握新技能和新理念。大数据时代下，会计从业人员需要不断学习和更新技能，只有不断学习，才能适应不断变化的商业环境和数据需求。他们需要掌握数据处理和分析技术、信息系统应用、商业智能工具应用等多方面的知识和技能，以应对日益复杂的会计工作需求。

第二章　大数据时代下的会计信息系统

随着人工智能和自动化技术的发展，会计信息系统正朝着智能化和自动化的方向发展。大数据时代对会计信息系统的发展产生了重要影响，大数据、人工智能等新兴技术增强了数据处理和分析能力，提升了财务信息实时性，提升了行业公平性和透明度，促进了全社会企业的交流与沟通以及优化了会计职能与流程等。

大数据时代的会计信息系统将具有海量数据处理能力、实时数据处理和报告、预测和决策支持、数据安全和隐私保护以及智能化和自动化趋势等特点。这些特点使会计信息系统能够更好地适应大数据时代的发展需求，为企业的决策和发展提供有力支持。

第一节　大数据时代下的会计信息系统概述

会计信息系统属于计算机信息系统的一种，它是信息管理学科的一个分支。通过计算机网络架构技术，会计信息系统可以依据用户实际需求进行结合发展，针对用户不同类别的会计数据，做出高效、快速、准确的分析与处理，并将不同信息类别的数据，依据会计准则和企业内部的规定做出相应的审查与检验。

大数据时代下的会计信息系统是一个以数据为核心的系统，它利用先进的技术和方法，对企事业单位的财务活动进行全面、连续、系统的定量描述，为企业的决策和发展提供有力支持。

一、会计信息系统的由来

现如今，全球各领域的科学技术日新月异，各项科学领域都已经广泛应用计算机网络技术，并且因其技术发展而不断更新。同样，计算机网络技术也对会计领域起到促进作用，会计信息系统也因计算机网络技术而获得飞跃提升。

（一）会计信息系统概念

美国会计学会在1966年的《会计基本理论报告》中指出："会计从本质上说是一个信息系统，是为了使用者能够做出有充分根据的判断和决策而识别（Identifying）、计量（Measuring）和传递（Communicating）经济信息的过程。"

会计信息系统是指借助计算机技术，会计从业人员运用会计系统软件将原始的记账凭证进行录入、汇总、运算和统计后，形成会计账簿以及财务报表，并将分析得出的财务数据上报至公司管理人员的系统。会计信息系统的记账模式取代了原始的手工记账模式，提升了企业财务运转效率。会计信息系统作为企业管理信息系统的一个单独子系统，为企业管理人员的决策提供了有力的支撑。企业管理人员能够通过会计信息系统随时了解企业的财务信息及状况，从而能够随时掌握企业的具体收益，提升企业开展相关活动的能力。

会计信息系统一般由多个子系统组成，而子系统所对应的是不同的会计业务循环，如总账、应收应付款核算、固定资产核算、存货核算、销售核算、工资核算、成本核算、会计报表生成与汇总、财务分析等，可以为企业财务人员提供实时数据指标分析，并节省财务人员宝贵的时间，减少不必要的时间消耗。

（二）会计信息系统的发展

20世纪90年代后，互联网技术快速发展，并且开始在国内流行，在各个行业内都得到应用。这些年会计信息系统逐渐发展与完善，会计信息系统在我国的发展过程大致可以划分为五个阶段。

1. 会计信息系统理论研究与试点开发阶段

1981年，吉林长春召开"财务、会计、成本应用计算机专题研讨会"首次提出会计电算化的概念，并在长春第一汽车制造厂进行会计电算化试点尝试。此时，计算机技术尚未成熟，市场上还未出现商品化会计软件，只有部分高校和研究所的学者在进行会计电算化理论的研究和制度框架的构建。20世纪80年代中后期，计算机技术开始迅猛发展，会计电算化逐渐普及开来。

2. 商品化会计软件面市阶段

20 世纪 80 年代后期至 90 年代早期，计算机技术普及后，出现了一批既懂得会计又懂得计算机技术的复合型人才。与此同时，国内市场经济蓬勃发展，涌现了一大批专门从事软件开发的技术公司。1988 年，国内最大的管理软件开发商和服务商——用友软件股份有限公司成立，会计软件由此进入了相对成熟的商品化发展阶段。这一阶段的会计软件主要以计算机代替手工核算，减轻财务人员记账、算账的工作量为目标，一般称之为核算型会计软件。

3. 会计软件由核算向管理转型阶段

20 世纪 90 年代后期，经过近 20 年的发展，我国的计算机水平和市场经济条件都已相对完善。90 年代中后期，会计信息系统已由过去单纯的以记账、算账为主的核算型会计软件，发展成为以管理为核心的管理型会计信息系统。这一时期的会计信息系统与核算型会计信息系统相比较主要有以下方面的改善：由单机型发展为网络型会计信息系统；由孤立的财务核算模块发展为账务、报表、固定资产、进销存管理、销售管理等各项功能集成的通用会计信息系统。

4. 会计信息系统向企业全面管理信息系统发展阶段

进入 21 世纪后，我国一些公司开始引用 ERP 软件，这标志着我国会计信息系统已经向企业级管理信息系统发展。2005 年后，ERP 在我国已经进入全面普及时代。随后 ERP 企业管理软件向信息化、云端化、移动化不断深入，开始出现共享财务服务等专业财务分工。

5. 会计信息系统进入自动化智能化发展阶段

2017 年以后，商业数字化、智能化的加速跃升驱动智能财务的崛起，尤其是新一代信息技术在商业和管理领域的迅速应用，推动了财务智能化的发展。会计信息系统在自动化智能化发展阶段表现出了自动化处理、智能化决策支持、数据集成与共享、实时监控与预警以及用户友好性等特征。财务机器人已经正式进入财务会计领域，并开始替代人工处理一些规律性强、重复度高、数据量大的财务业务。

二、会计信息系统的特点

会计信息系统在企业的财务管理中扮演着至关重要的角色。它为企业提供了准确、及时的财务信息，帮助企业做出明智的决策，控制经济活动，预测未来的经济趋势，从而推动企业的持续发展。

（一）会计信息系统的特征

会计信息系统采用计算机技术和自动化技术，可以高效、准确地处理大量数据，大大提高了工作效率和数据处理的准确性，可以自动化完成许多传统手工会计中的烦琐工作，如凭证录入、账簿登记、报表生成等，从而减轻了会计从业人员的工作负担。

1. 精准性与实时性

如今互联网已进入高速发展的时代，科技化、高效率的运作模式，使人们得以从过去繁重的劳动模式中解放。会计领域通过计算机技术，能够更加高效、精准地分析会计数据。计算机技术可对繁杂的会计数据进行处理，并在极其短暂的时间内完成进行汇总统计、整合核算以及审查检验等过程。在过去，通过人工汇总计算，不仅需要耗费大量的人力和时间，而且得出的计算结果甚至存在错误，且不易发现。通过计算机技术还能做到过去人工很难完成的事情，例如固定资产双倍余额递减法，运用计算机技术能够更好地计算出企业固定资产折旧数据，为保障企业的财务数据精准性提供很大帮助。

2. 自动化与统一化

目前企业会计信息系统的日常实际应用当中，计算机可以代替传统人工解决很多多样化的工作，在用户企业允许的情况下，将用户企业能够公开的数据资料共享于互联网中，使更多的用户得以借鉴学习与交流，这种方式使数据能够更好地在信息系统的运用下突出自己的特点。在会计信息系统当中，完成企业用户下达的各种任务指令是计算机的唯一目的。因为许多企业内部会计资料不统一，传统的手工统计很难将资料完成统一整理。而借助计算机处理分散数据的功能特性，在当下互联网时代，大量的会计资料的数据借助计算机处理的同时，将要运算的会计数据由企业的会计从业人员不断地输入到计算机当中，会计信息系统将会按照设定好的程序展开相应的计算、分类与管理，最终生成所需要的企业报告。

3. 计算机技术与会计相结合的系统

各企业的内部会计从业人员是会计信息系统的主要使用人员和主要工作完成人员，这就要求企业内部会计从业人员必须掌握计算机技术的理论基础知识和操作计算机的基本能力。如此，同时掌握会计知识和计算机操作能力的会计从业人员，就能够利用计算机中的会计信息系统来完成相应的会计工作。会计数据的输入工作、汇总工作、统计工作、整合工作和输出工作，均是会计从业人员通过手工处理结合计算机运行的方式来完成的。在对会计数据资料进行收集的过程中，企业会计人员要对数据进行首次审核，保证数据的正确性，当企业会计人员将数据输入计算机会计信息系统后，剩下的工作将由计算机系统来完成，系统最终将产生有用的、完整的信息保存到数据库当中，并将该信息资料传输给需要的相关人员。

（二）大数据时代下会计信息系统的新特点

在大数据时代背景下，会计信息工作模式进行了针对性的简化，提高了数据处理的准确度和规范性。通过云服务的应用，企业实现了信息量的充足和服务共享，从而减少了购买软件和硬件等方面的成本。大数据时代背景下的会计信息系统具有多样性、大规模化、实时性和及时性、多维度和高质量等特点。

1. 数据源的多样性

随着信息技术和互联网的发展，会计信息的数据来源越来越丰富，包括传统的会计凭证、报表等数据，以及来自银行、电商、社交媒体等平台的海量数据。这些数据源在数据格式、数据类型、数据结构等方面存在较大的差异，因此在整合这些数据时需要使用数据清洗、转换、融合等技术手段。

2. 数据量的大规模化

在大数据时代，会计数据量呈爆炸式增长。这种大规模的数据处理对会计信息整合构成了挑战，需要大数据技术的支持，如数据分区、数据并行计算等。

3. 数据的实时性和及时性

传统的会计信息管理中，数据的处理和分析往往是周期性的。但在大数据时代背景下，数据源的多样性和数据量的大规模化使数据处理和分析的周期性无法满足需求。因此，需要实现会计信息的实时监控、实时反馈等。

4. 多维度的数据视角

在大数据时代，人们更加注重从多个角度去分析数据，以便发现数据中潜在的关系、趋势和规律。在会计信息整合中，需要考虑多个维度的数据视角，如时间、地域、产业等。

5. 高质量的数据信息

在大数据时代，通过先进的数据处理和分析技术，会计信息的质量得到了显著提高。这包括数据的准确性、完整性和有用性等方面的提升。

三、会计信息系统的不足

会计信息系统作为一个时代发展的产物存在一定的不足，随着社会的发展也将面临一些挑战。会计信息系统的发展受到社会经济发展和信息技术进步的制约，会计信息系统的应用受到会计从业人员能力的限制，会计信息系统的效果也受到企业管理水平的约束。

（一）传统会计信息系统存在的不足

传统会计信息系统在以下方面存在不足。

1. 数据安全性问题

在网络环境下，会计信息系统数据的安全性面临较大威胁。由于系统连接互联网，可能会受到黑客攻击或病毒感染，导致数据泄漏或被篡改。此外，如果系统没有足够的安全措施，内部人员也可能滥用权限，非法访问或修改数据。

2. 信息孤岛现象

有些企业在构建会计信息系统时，各个部门或子系统之间缺乏有效的信息共享和沟通，导致信息孤岛现象严重。这会影响信息的及时性和准确性，降低决策效率。

3. 系统更新和维护困难

随着企业业务的发展和外部环境的变化，会计信息系统需要不断更新和维护。然而，由于系统复杂、技术陈旧或缺乏专业人员等原因，可能导致系统更新和维护困难，无法满足企业的实际需求。

4. 缺乏智能化功能

现代会计信息系统应具备智能化功能，如数据分析、预测和决策支持等。然而，一些企业的系统仍然停留在简单的数据处理和报表生成层面，缺乏智能化功能，无法为企业提供更有价值的信息。

5. 法律法规与制度不完善

与会计信息系统的发展相比，相关法律法规和制度可能存在一定的滞后性。这可能导致企业在使用系统时面临合规风险，如数据保护、隐私政策等方面的问题。

（二）会计信息系统面临的挑战

会计信息系统面临着多重挑战，企业需要不断关注市场和技术动态，并采取有效的措施来应对这些挑战，以提高会计信息系统的效率和准确性

1. 技术更新迅速

随着云计算、大数据、人工智能等技术的快速发展，会计信息系统需要不断更新和升级，以适应新的技术环境和业务需求。然而，技术迅速更新也带来了挑战，如系统稳定性、数据安全性和兼容性等问题。

2. 数据安全性问题

会计信息系统涉及企业的敏感财务信息，如财务报表、成本数据等。因此，数据安全性是会计信息系统面临的重要挑战之一。企业需要采取多种措施来保护数据的安全性，如加强数据加密、访问控制和备份恢复等功能。

3. 法规与合规性要求

随着全球化和监管环境的变化，会计信息系统需要遵守越来越多的法律法规和合规性要求。企业需要密切关注相关法律法规的更新和变化，并及时调整和优化会计信息系统以满足合规性要求。

4. 集成性和协同性挑战

企业内部的各个部门和业务单元需要共享和交换财务信息，以实现协同作业和决策支持。然而，不同系统之间的集成性和协同性往往面临挑战，如数据格式不一致、接口不兼容等问题。

5. 人才短缺与培训问题

随着会计信息系统的不断升级和变化，企业需要具备相关专业知识和技能的员工来操作和维护系统。然而，当前市场上对会计信息系统专业人才的需求旺盛，而具备相关技能和经验的人才相对短缺。此外，企业还需要投入大量资源来培训现有员工，以帮助其适应新的系统和技术环境。

四、会计信息系统的选型

企业在进行会计信息系统选型时，需要综合考虑业务需求，还需考虑系统的可扩展性、易用性、安全性，成本效益以及供应商的服务能力等因素。这样才能选择适合企业自身需求的会计信息系统，为企业的财务管理提供有力支持。

（一）选型的步骤

会计信息系统的选型是一个重要的过程，需要考虑多个因素以确保选择最适合企业需求的系统。结合众多企业的会计信息系统实施应用案例，会计信息系统的选型需要注意以下关键步骤和事项。

1. 明确需求

企业需要明确自身的会计和财务需求，包括日常会计处理、报表生成、税务处理、预算管理、成本控制等方面。这有助于确定所需系统的功能和特性。

2. 市场调研

企业需进行市场调研，了解当前市场上可用的会计信息系统。这包括了解不同系统的功能、性能、价格、技术支持等方面的信息。通过与供应商沟通、参加行业展览会或查阅相关评价，获取更全面的信息。

3. 系统评估

根据企业的需求和市场调研结果，对潜在的会计信息系统进行评估。评估因素可以包括系统的易用性、稳定性、可扩展性、安全性以及与现有系统的兼容性等。此外，还应考虑供应商的服务质量和技术支持能力。

4. 成本效益分析

在选择会计信息系统时，需要进行成本效益分析。这包括评估系统的购买成本、实施成本、维护成本以及可能带来的潜在收益。确保所选系统在企业预算范围内，并能为企业带来长期价值。

5. 参考案例和推荐

了解其他类似企业的会计信息系统选型经验，从中获得有价值的参考。此外，企业可以咨询行业专家或顾问的推荐意见，以便在选型过程中获得更多专业指导。

6. 决策与实施

基于以上步骤的分析和评估，企业可以做出决策，选择最适合自身需求的会计信息系统。在实施过程中，确保与供应商保持良好的沟通，确保系统的顺利使用和后续支持。

（二）选型的适配

不同规模的企业适合使用的会计软件有所不同，这主要取决于企业的业务需求、预算和人员配置等因素。

1. 微型企业

对于规模非常小、业务简单的企业，可以选择使用一些简单易用的会计软件，如畅捷通好会计、账信云会计、浪潮云会计等。这些软件通常价格较低，易于上手，能够满足基本的记账、报表生成等需求。

2. 小型企业

处于会计核算信息化阶段的企业，应当结合自身情况，逐步实现资金管理、资产管理、预算控制、成本管理等的财务管理信息化。对于规模稍大、业务相对复杂的小型企业，可以选择功能更加全面的会计软件，如畅捷通 T+、金蝶财务云等。这些软件提供了更加丰富的财务管理功能，如库存管理、资产管理、多语言支持等，能够满足企业多方面的需求。

3. 中型企业

处于财务管理信息化阶段的企业，应当结合自身情况，逐步实现财务分析、全面预算管理、风险控制、绩效考核等的决策支持信息化。对于规模较大、业务较为复杂的中型企业，可能需要更加专业的会计软件，如用友 U8、金蝶 KIS、SAP、Oracle 等 ERP 系统中的财务管理模块。这些软件不仅提供了全面的财务管理功能，还能够与企业的其他业务流程进行高度集成，实现信息的共享和协同工作。

4. 集团企业

分公司、子公司数量多、分布广的大型企业、集团应当探索利用信息技术促进会计工作的集中，逐步建立财务共享服务中心。这些平台都是基于云计算、大数据等技术构建的，可以为企业提供完整的财务信息管理和监控解决方案。它们不仅提供财务报表、财务监控等功能，还注重数据的安全性和可靠性，保障企业的财务安全。元年科技、用友网络科技、金蝶国际这些公司都提供了多种财务共享的解决方案，以满足企业的不同需求。

此外，随着云计算技术的发展，越来越多的会计软件开始采用 SaaS（软件即服务）模式，这种模式使企业无须购买和维护复杂的硬件和软件系统，只需要通过互联网访问即可使用会计软件的所有功能。因此，对于预算有限、缺乏专业 IT 人员的企业来说，SaaS 模式的会计软件可能是一个更好的选择。

第二节　大数据时代下的会计信息系统规划与建设

大数据时代的技术和市场环境都在不断变化，会计信息系统的规划需要综合考虑多个方面，并持续优化。会计信息系统的规划与建设要重点关注目标定位、人员机制、技术选型、业务需求、运维服务、数据安全等，确保系统的稳定性、安全性和可扩展性，同时满足当前和未来的业务需求。

一、规划与建设的重难点

会计信息系统规划的重点在于明确业务需求、数据治理、系统集成和安全性与合规性等，而难点则在于技术选型与更新、数据整合与处理、人员培训与管理等。在规划过程中，需要综合考虑这些因素，制定合理的策略和措施，以确保会计信息系统规划建设的适配性和有效性。

（一）核心的问题

会计信息系统项目规划与建设过程始终要关注的三大核心问题。

1. 企业业务流程的优化与设计

会计信息系统项目规划要重点分析企业的管理问题、管理需求，设计新的管理模式和业务流程，以提高管理水平和管理效率。

2. 知识转移

企业关键用户要全程参与，最终用户要提前参与。尤其是在对新管理流程、管理理念的理解，新流程和数据规则的了解上，关键用户通过全过程参与，使自身成为熟悉系统管理、业务流程和具备管理理念的专业管理人员。

3. 专业的项目管理

大项目的规范化管理是项目成功的必然因素，项目经理在实施过程中要提供专业的项目管理，降低项目实施风险，提高实施质量。

（二）成功的要素

会计信息系统的成功应用 = 有准备的企业 + 合适的软件 + 成功实施和项目管理。建设成功的要素主要包括以下几点。

1. 明确项目范围与目标

明确项目范围与目标是项目成功的关键因素，包括业务需求范围、功能范围、涉及的组织实体范围、技术范围等。

2. 高层的关注与推动

会计信息化项目不但涉及管理模式和流程的变更，也涉及等权者的利益和权力变化，建设过程中经常需要高层的决策、推动和分压，缺少高层推动的项目建设经常会半途而废，也经常会偏离项目目标。

3. 科学的项目管理

项目管理包括良好的计划、管理，严格的计划执行跟踪，良好的协作与配合、风险控制、质量管理等。

4. 关键用户团队的能力

会计信息系统建设是一项管理变革的工程，一般会涉及管理模式和流程的变更，因此企业内部关键岗位人员对管理的理解是会计信息系统流程长期执行到位的重要保证。在建设过程中要注意关键用户的挑选、培养与考核，通过合理的分工，让关键用户身体力行地参与整个建设过程，实现真正的知识转移。

5. 数据与流程的准确性

注重各上线阶段的数据方案、数据准备、数据检查和确认，并将与真实业务场景比较接近的模拟数据和流程的方案测试贯穿于每个上线阶段，避免在系统上线之后，出现不必要的软件或数据错误。另外，上线后要定期做流程执行情况检查与优化，确保执行效果。

（三）建设的步骤

会计信息系统建设的步骤包括需求分析、系统规划、系统设计、数据整理、系统测试、系统维护和用户培训，具体步骤可能会因企业的实际情况和需求而有所不同。

1. 需求分析

这是会计信息系统建设的起始阶段。在这个阶段，企业需要明确自身的会计管理需求，包括日常的财务活动、财务流程和报表管理等。同时，还需要进行可行性研究，确定系统建设的预算和时间安排。

2. 系统规划

在规划阶段，需要明确系统的目标和功能需求，并制定相应的计划和时间表。此外，还需要考虑投入、组织和人员培训等方面的问题。

3. 系统设计

在需求分析的基础上，企业需要进行详细的系统设计，包括系统结构图的绘制、数据库的设计和实施方案的制订等。然后，根据设计进行系统的开发和编码工作。

4. 数据整理

在系统规划完成后，需要进行数据收集和整理的工作。这一步骤包括对企业内部各个业务部门的数据需求的调研和分析，以及对外部环境因素的考虑。通过这一步骤，可以确定系统所需的相关数据。

5. 系统测试

在系统开发完成后，需要进行测试和调试，以确保系统的稳定性和准确性。

6. 系统维护

在系统通过测试后，开始正式实施。在系统实施过程中，可能需要进行一些调整和优化。同时，还需要建立维护机制，确保系统持续稳定地运行。

7. 用户培训

在系统实施过程中，需要对用户进行培训，使其能够熟练使用系统。同时，还需要提供用户支持，解决用户在使用过程中遇到的问题。

二、规划与建设的机制

会计信息化规划与建设的机制包括建设的机构，即组建团队，还包括团队之间高效的沟通与协助，即沟通机制。

（一）组建团队

企业通过项目团队组建，使团队成员统一工作思想和项目目标，提升工作技能，缩短项目团队的磨合期。

1. 建立项目领导委员会或项目领导小组

会计信息化项目领导委员会或领导小组属于项目建设的领导机构，一般由企业高管和相关部门负责人组成，负责项目的规划、组织、指挥、决策与协调等。若项目建设实施过程中出现有争议的问题，需要该委员会召集相关部门的负责人进行决策以及跨部门的协调工作。

2. 遴选项目组成员，建立项目实施小组

（1）软件供应商和企业项目经理共同讨论项目组关键用户的要求，筛选或提议关键用户，重要的关键用户可能要对其进行面试，关键用户至少要参与80%以上的项目实施过程，关键用户应该是业务骨干，熟悉企业业务流程和需求，有一定的沟通能力、学习能力和技术能力。

(2) 企业应配备系统管理员，如：软件操作环境的建立、网络的配置等相关技术工作、个性化开发人员等，明确他们在项目中的关键分工，帮助企业选定项目其他成员。

(3) 如果条件允许，可提前选定最终用户。

3. 完善考核

建立项目内部人员的考核模式、管理流程、沟通机制、汇报关系、项目管理制度等，保障项目团队的有效运行。

(二) 沟通机制

项目团队成员之间的畅通沟通是整个项目沟通的保障和基础，也是项目走向成功的必由之路。

1. 确定沟通的范围

在整个项目中，需要进行良好沟通的主要有这些人：项目的直接参与者，比如，项目团队的每个成员，整个由甲方和乙方共同组建的大范围项目团队之间以及成员和成员之间的沟通；项目的不直接参与者，比如甲方的高层领导、乙方的高层甚至包括项目组成员的家人和朋友，因为这些人都直接或者间接地和项目产生了关系，项目的进展或者项目过程中发生的任何事情都可能对他们产生积极或者消极的影响，由此他们也会对项目产生积极或消极的影响。

2. 区分沟通的对象

一个项目如要和很多对象进行沟通，需要把这些对象划分成不同的层面。在不同层面的沟通都需要明确的沟通机制。沟通的环境、沟通的对象不同，沟通机制往往不同，沟通方法也往往不同。

3. 明确沟通的原则

沟通的目的是互通，使双方相互了解、相互认可、互为思考，只有互通才能达到个体之间的交融。沟通时一定要用简单的方法来达到沟通的目的，以免用复杂的方法使沟通变得更加复杂，使个体之间不能相互理解、相互认可。需要遵守事前明确机制、事中按约定办事、对沟通机制要逐步完善和调整、沟通是解决问题的最好方法、沟通时要双赢等原则。

4. 选择沟通的渠道

合理地利用不同的沟通渠道可以达到理想效果，常见沟通渠道有如下几种：

(1) 项目组周例会。定期召开项目例会，沟通项目实施过程中存在的问题。

(2) 项目问题联络单。对项目实施过程中出现的问题进行专题联络。

(3) 项目周报。每周向项目相关人员传送项目进度、项目实施过程中存在的问题，以及对当前项目进展的总体评估。

(4) 项目简报。每月通过项目简报的形式向项目干系人传递项目信息，对项目实施过程中的重点事件、特别信息给予特别提示。

三、业务需求规划与设计

在本阶段，需要针对企业各项相关业务流程和管理需求进行详细的访谈与调研，定义新的业务流程、管理模式、数据规范和报表等。将开展一系列的业务流程现状分析及应用会计信息系统后可能产生的流程改变和设计列出，最终确认基于新业务流程的会计信息系统业务解决方案。

（一）需求调研准备

需求调研是一个复杂而又细致的工作，也是彰显项目人员的专业能力、决定方案质量的重要任务，需要做好相应的计划和组织以及充分的准备工作。在准备调研提纲和问卷时，要充分了解企业的实际情况，问卷需具备较强的有效性和针对性。本阶段的具体工作包括：制订详细业务和管理需求调研计划、准备调研提纲和问卷、准备调研场地或安排调研培训等。

（二）需求调研与分析

本阶段要按计划完成调研，编写和汇总需求调研报告或调研日志。调研的总体思路是由粗到细，先整体后局部，先集团后部门。

1. 总体情况调研

总体情况调研主要是对企业整体运营状况的调研和对高层管理需求的调研，如调研公司未来几年的战略规划、公司组织与机构部署、IT 建设规划、集团管控需求、高层管理者需求等内容。

2. 详细业务调研

详细业务流程调研可以按业务流程的顺序，对企业的各个业务部门参照调研提纲或调研问卷的内容进行业务流程调研，最后绘出完整跨部门的业务流程图，包括数据、加工、单据等。根据调研情况描述每个流程节点所包括的处理和数据规范，并描述各部门对业务改善的建议和管理需求的目标等。

3. 企业需求分析

在详细业务调研的基础上，分析企业业务流程和业务管理中存在的优点、问题和不足，提出解决思路，并确定各领域的管理模式。根据企业需求建立新的管理模式和集团管控方式，设计和优化企业目标业务流程，形成新的业务流程规范，建立新的管理模式，以及定义相关的数据规范和管理制度等。最后将需求分析的过程和意见整理成需求分析报告，由公司高层进行最终的书面确认。

（三）业务解决方案设计

业务解决方案是会计信息系统进行规划与建设的重点，也是指导整个项目实施的根本遵循，全面反映了企业会计信息化工作的业务思路、业务流程和管理要求。

1. 业务流程设计

企业在需求分析时要讨论并确定目标业务流程，作为制订业务解决方案的依据。项目要详细制定企业各项业务流程，如报销流程、采购流程、销售流程、付款流程、收款流程、核算流程、审批流程等。业务比较复杂的项目，建议根据业务流程设计方案，在上线前，先对关键用户和最终用户进行流程培训，培养用户的系统思维和流程思维，让用户先理解整个业务的全貌。常见的业务流程图有两种：标准业务流程图和泳道图。

（1）标准业务流程图。标准业务流程图由流程起点、结束点、数据、加工、流向、岗位等因素组成，每个流程加工后必须有一个新的单据，不能有重复的加工和重复的单据，具体流程如图 2－1 所示。

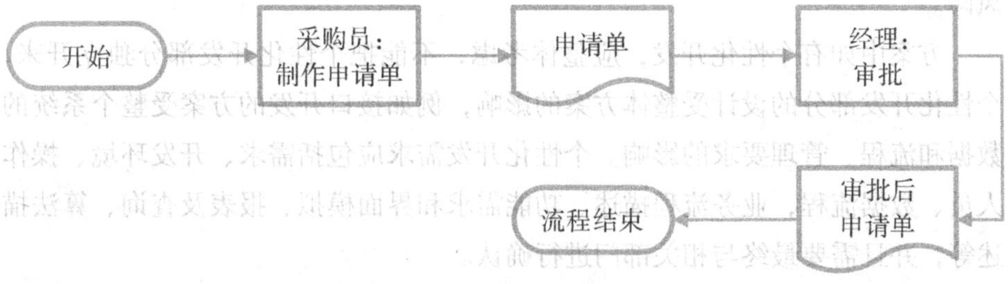

图 2－1　标准业务流程图

（2）泳道图。泳道图用泳道表示岗位，其他和标准流程图类似。通过泳道图可以更清晰地看到各部门相关岗位在业务流程中的参与环节和主要作用。具体流程如图2－2所示。

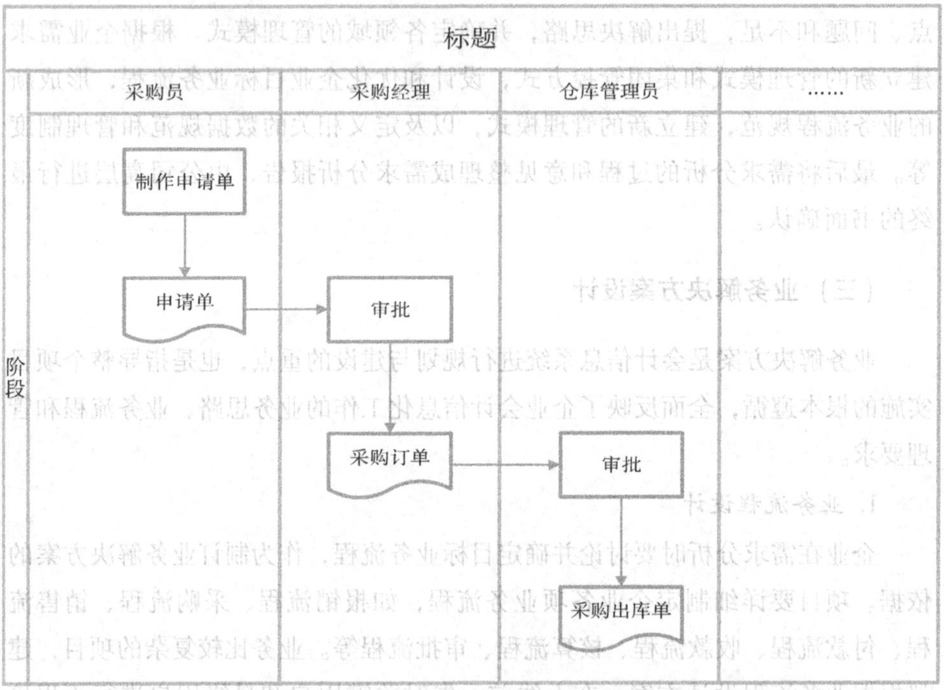

图2－2　泳道图

2. 业务解决方案撰写

基于需求分析的结果，项目需要制订整体业务解决方案和个性化开发方案，包括所有在系统中实现的流程、数据、参数等。如果是分阶段上线的项目，应统一制订出整体方案，再分阶段细化上线，以防止各阶段衔接不连贯的风险。

方案中如有个性化开发，应整体考虑，不能把个性化开发部分独立开来，个性化开发部分的设计受整体方案的影响，例如接口开发的方案受整个系统的数据和流程、管理要求的影响。个性化开发需求应包括需求、开发环境、操作人员、数据流程，业务流程描述、功能需求和界面模拟、报表及查询、算法描述等，并且需要最终与相关部门进行确认。

3. 业务解决方案主要内容

业务解决方案一般应包括以下内容：细化的项目目标；项目实施的范围或

验收标准（组织范围、涉及的业务范围、涉及的模块范围、关键需求或数据、报表、实施地点范围等）；原业务流程和新的业务流程（目标业务流程）；管理改进方案和建议；会计信息系统业务流程、操作流程；数据和单据规范与描述；用户和权限设计方案；会计信息系统参数和基础档案规范及具体基础档案数据与编码（附件）；报表和查询分析格式与数据说明；系统实施和部署的流程；应用价值和差异分析（可选）；相关制度和配套管理；后续主要计划安排和工作策略等；未解决问题的说明及解决计划；系统安全和技术方案（可选或另行独立方案）；交付标准确认；其他。

（四）系统应用环境部署

并发量和数据量较大的项目，需要针对性地对应用环境进行调研，根据项目规划完成系统部署方案。

1. 系统部署环境调研

项目一般统一安排对企业系统环境的调研，通过调研问卷和现场调研（需提前准备调研提纲和计划）相结合的方式，全面了解硬件配置需求、网络环境、网络规划、客户端配置要求等。

2. 系统部署方案制订

系统部署方案包括对硬件系统的要求和建议、对网络系统的要求和建议、对数据库系统的要求和建议、对硬件系统架构的要求和建议等，根据部署方案进行部署，防止系统部署不当而导致的问题。

3. 系统应用环境部署

（1）软、硬件环境准备。会计信息系统安装前应尽早检查企业提供的硬件配置和系统软件是否满足系统运行要求，如不满足，需要尽快落实，确定具体的计划。企业的系统准备，软、硬件采购，数据库等需要一个较长周期，要尽量提前准备硬件，也可以使用符合要求的替代设备。

（2）安装会计信息系统软件。软件供应商根据要求安装会计信息系统软件，在产品的安装调试过程中应同步对企业系统管理员进行操作培训，使之尽早有能力承担系统管理工作。如果并发非常大的项目，评估有必要的情况下，要进行模拟大并发测试，以提前对系统参数进行优化。软件安装调试完成，并经过标准功能测试后，软件供应商需提交产品安装确认报告，报告应包括产品安装过程说明、相关环境和参数要求、系统调整和备份方案等。

（五）个性化开发设计

项目业务解决方案中如涉及个性化开发部分，要在本阶段和开发设计人员共同完成对个性化开发需求的详细设计工作，包括界面模拟（在需求阶段不能确定的，在本阶段进行设计，并和客户沟通确认）、数据库设计、制订个性化开发测试方案、确定个性化开发计划等。

1. 个性化开发需求调研和需求分析

正确分析需求，确认是不是标准功能能解决的合理需求，不能通过变通方式实现企业需求后再安排个性化开发，避免增加不必要的工作量。个性化开发的数据库和功能设计、工作量估计、对项目进程的影响评估应由开发需求设计人员协助进行。

2. 个性化开发设计方案

个性化开发设计方案应包括需求、开发环境、操作人员、数据流程和数据库设计、功能和菜单设计、功能的界面和流程模拟设计、报表及查询、算法描述等。

3. 个性化开发集成测试

个性化开发完成之后还应该进行一次集成测试，确保所有个性化开发产品能够满足要求，并能与整体系统正确地集成运行，这个测试应该以关键用户为主进行。个性化开发最好在提交业务解决方案之后，与静态数据准备并行进行，尽量缩短开发周期，同时最好能参加业务模拟测试，保证项目上线不被拖延。

四、应用系统建设与上线

会计信息系统的建设与上线是会计信息系统规划完成后的重点落地实施工作，是一个复杂而重要的过程，涉及各类数据的准备、关键业务的模拟测试、具体系统上线切换的设计以及最终用户的培训等。通过会计信息系统的建设与上线，可以建立起一套高效、稳定、安全的会计信息系统，为企业的财务管理提供有力支持。同时，上线后的维护和升级工作也是必不可少的，用以确保系统持续稳定的运行和满足企业不断变化的需求。

（一）静态数据准备

建设实施过程中，静态数据的准备、整理、测试、完善、确认等是影响系统上线成功和上线后稳定性的重要因素，因此需要十分重视。根据蓝图设计方案初稿的内容配置测试系统的参数和基础数据、用户和权限方案等，这些数据作为模拟测试的环境和数据，根据方案对内容调整和整理后也可以作为正式环境的数据。

1. 静态数据的概念

静态数据是指会计信息系统中相对固定不变的数据，一般是在生产活动前要准备的数据，如会计科目、存货档案、客户档案、供应商档案、产品结构（BOM）、工艺流程等。即使是静态数据，也要定期维护，保持其准确性。系统运行时，访问静态数据一般不作处理。

2. 静态数据的准备方案

静态数据的准备方案主要包括：说明数据来源，即静态数据应该如何获取，出自哪个部门；讨论分析企业静态数据的数据项、格式要求和编码原则、质量要求等；明确关键字段的重要性，以及关键字段的说明；明确对数据准备人员的要求、完成时间以及具体负责人；根据项目情况明确数据检查方法（抽检或全检）、检查内容（数据内容检查及数据逻辑检查）、检查方式（手工或计算机）、时间点、相关责任人；提前确定所有数据导入系统的方式（手工录入或工具导入）；制订静态数据准备计划，明确各类静态数据的具体准备人员、时间进度计划，制作静态数据准备表单，提供需要准备的详细数据的档案清单及内容等。

3. 静态数据的校验和确认

数据校验规则需要在数据准备方案中说明，数据进入系统的方式（手工录入或工具导入）也要在计划和数据导入方案中说明。数据校验与审核确认环节需要落实纠正措施，并最终确认正确的数据。最后，项目组还需要对数据进行定期备份和存档，保障数据的安全和稳定。

（二）业务模拟测试

系统上线前，完整业务模拟测试是必不可少的。录入静态数据和准备好的测试业务数据，根据测试方案和计划指导关键用户进行测试，关键用户可以通过测试熟悉各种业务流程和操作流程，熟悉软件操作，发现错误。同时，关键用户也可以同步完成《最终用户操作手册》的撰写。

1. 开展业务模拟测试

根据测试方案和测试数据进行完整的业务模拟测试（如有个性化开发，应在完成开发后重新进行集成测试），通过测试保证制定的流程是合理的、可行的，并保障系统上线的稳定性。同时指导关键用户在测试过程中编写《最终用户操作手册》，并根据测试报告修订完善实施方案的内容。

在做每一项业务流程测试之前，一般都应该根据方案再次进行个性化的系统配置，比如流程配置、单据模版设置、审批流设置、角色权限配置、会计平台设置等。

2. 编写业务测试报告

模拟测试结束后，项目组要收集、整理测试记录和问题记录，将所有问题（包括已解决和未解决）作一列表，对未解决的问题，要组织顾问资源讨论、分析、过滤，给出解决办法和意见，并根据测试的过程和结果，编写业务测试报告。

3. 完善和确认业务解决方案

模拟测试结束后，项目组还应根据测试结果对应用方案进行修订和完善，准备最终方案的确认和验收。经过业务模拟测试和对业务解决方案的修改和完善，这时应将方案的主要内容向有关人员或高层领导进行汇报，对方案进行最后确认。

（三）系统切换方案

本阶段项目组需要制订系统切换计划与切换方案。在系统切换之前，双方要制订详细的切换计划和切换方案、应急备用方案等。切换方案包括了切换前的所有工作，虽然不同的项目计划不同，但基本包括动态数据确认、动态数据准备、系统切换计划、系统正式切换，动态数据录入。

1. 动态数据确认

动态数据：指在生产活动中发生的数据，不断发生、经常变动，如客户合同、库存记录、完工报告、业务单据等，一旦建立，就需要随时维护。

中间数据：指根据用户对管理工作的需要，由会计信息系统按照一定的逻辑程序，综合静态数据和动态数据，经过系统运算形成的各种报表等。

2. 动态数据准备

动态数据准备必须明确准备的时间、负责的人员等信息，必须明确这个阶段的重要性。在时间紧、数据量较大的情况下，要安排好切实可行的计划，具体包括：哪些人员准备哪些数据，数据的来源、校验人员；讨论、制订一个详细而可行的切换计划和动态数据录入计划，计划一定要规定截止时间，如规定在某月某日之前要准备好某项数据资料。动态数据的准备、录入在系统实施中周期相对短暂，一般4~5天就要完成转换工作，因此要求准备工作必须充分，将动态数据准备方案提前发给业务人员，提前完成旧系统的清账、存货盘点等工作。

3. 系统切换计划

根据项目的实际情况，安排一个比较合适的系统切换时间，这个时间通常选在企业期末（或月末）结账后的时间，但要考虑资源（人力、时间）情况和业务持续性的要求。切换计划要考虑风险和备选方案，以及数据和系统的备份，在切换有问题时确保系统能够做到不同版本的回滚，使日常业务不受影响。

切换计划中的各项工作负责人最好是由相关业务的主管领导来担任，这有利于各类人员和业务的协调。切换计划建议使用小时来管理，即每项工作预计使用多少小时来完成准备、多少小时来进行校验，必须要有专人负责专项的工作；切换计划一定要有具体的责任人，要明确哪些工作是由哪个关键用户负责，哪些工作是由软件公司顾问做的，并要让具体执行人清楚地知道全部计划；系统切换方案中还要有明确切换的范围和业务顺序，并和切换计划一同向企业的最终用户说明。

4. 系统正式切换

在新系统正式上线之前，由于原系统已经关闭，需要做一些特殊处理，例如提前将业务单据处理掉，约定在某一段时间内不再处理业务；或将业务单据押一段时间，然后在新系统中补录等。为了不影响业务的正常运行，这就要求动态数据的录入过程要尽可能地快，以缩短业务等待的时间。

5. 动态数据录入

动态数据录入一定要快速、准确和按时完成，在短时间内结掉旧系统，按新系统要求进行整理拆分，迅速转换到新系统并完成校验。动态数据录入如果时间紧张，建议加班加点完成，保证系统准时上线。动态数据录入后要进行数据的准确性校验，逐项进行检查，并按月度进行数据结果的验证，确认运行结果。

（四）最终用户培训

最终用户培训是指由关键用户根据《最终用户操作手册》，对企业的具体岗位和业务人员进行系统操作培训，使其能够熟练掌握操作规范和操作方法，软件供应商的顾问可以对其工作进行相应的辅导和帮助。

1. 制订最终用户培训计划

项目组要针对企业最终用户的不同素质制订相应的培训计划，如计算机技能很低的人员，应该事先组织专人进行计算机基础知识和操作培训；还要根据业务人员所熟悉的不同业务分部门、分岗位进行有针对性的业务流程的培训，针对其将来要从事的工作进行系统日常业务操作的培训，如采购组培训、销售组培训、应收应付组培训、总账组培训等。

培训时间要根据企业的经营运作情况选择一个相对空闲的时间段做集中培训，避免人员因业务繁忙而缺席、断课等情况，如财务部门月底和月初要进行结账，该时段不适宜进行培训。培训地点要选择一个专门的培训教室或会议室，空间要合适，要有练习用机、有投影仪、白板等教具，无环境干扰等。

2. 培训授课教师

为了让关键用户能够当好培训讲师，有必要的话还可对他们进行进一步的培训（即培训授课教师），比如产品培训、授课方法培训、演讲能力培训等。

参加培训的人数最好控制在40人以内，1个培训教师辅导的人数最多不超过20个。如果参加培训的人数较多，同时顾问和关键用户力量有限，建议分批进行培训。培训前，手册和教材要提前发到学员手中，演示数据应该是根据最终确定的应用方案建立的、应是对客户业务的真实模拟，可以利用前面测试时的环境作为培训的测试数据。

3. 最终用户培训

在进行产品培训时，首先进行业务流程的培训，在最终用户理解了业务流程原理后再进行软件操作培训，这样可以达到事半功倍的效果。有些企业本身业务人员很少，一个人既是关键用户又是最终用户。在这种情况下，项目组可以将最终用户培训和关键用户培训结合起来一并进行。

4. 培训考核

培训前，项目组要制定培训考勤制度和奖惩激励制度（比如要求考试合格的人才允许上岗等），保证员工听课的积极性和持续性，培训要考核，并进行充分的培训总结。最终用户经过一次培训，不会掌握全部操作方法，要在实际工作中，由关键用户（内部支持体系）进行指导和规范，逐渐熟悉和掌握系统的日常操作。

5. 最终用户操作手册

项目组完成《最终用户操作手册》最终版本。《最终用户操作手册》是关键用户针对企业每个岗位和操作流程编写的，主要包括工作标准、流程和系统操作规范、步骤及其说明、注意事项等文件。

（五）项目总结与验收

会计信息系统切换运行一段时间（一般不超过一个月）后，需要总结项目实施情况、系统运行情况和运行效果、实施效果等。项目组应该立即开始项目的总结，整理文档，总结项目实施的过程、经验和教训，进行资料归档，总结实施带来的管理提升和应用效果，完成项目总结。

在新系统正式运行一段时间（一般不超过一个月）达到稳定之后，就可以对项目进行总体成果评估，并按计划安排组织项目的最终验收。

五、系统运行管理与维护

会计信息系统的运行管理与维护是保障系统稳定、高效运行的关键环节。通过日常运行监控、备份与恢复策略、用户权限管理、操作日志记录等措施，可以确保系统的安全性和可靠性。同时，通过硬件维护、软件维护、数据维护和安全性维护等工作，可以确保系统的性能和稳定性，提高用户的使用体验和数据安全性。

（一）系统运行管理

会计信息系统运行管理包括企业运行管理制度建设和具体日常运行管理工作两个方面，通过运行管理可以有效规范会计信息系统的日常应用和维护。

1. 建立运行管理制度

企业要建立内部运行管理制度，确保系统正常运行。在系统正式运行之前，建议企业建立内部系统运行管理制度，管理制度可规定系统涉及的岗位职责和能力要求，以及内部支持管理制度、机房管理制度、系统管理员管理制度、安全与备份制度等细则。

2. 日常运行管理

（1）日常运行监控。定期对会计信息系统进行监控，确保系统稳定、高效地运行。监控内容包括系统性能、资源使用情况、数据安全性等。

（2）备份与恢复策略。制定完善的数据备份与恢复策略，确保在系统出现故障或数据丢失时能够及时恢复。备份应定期进行，并存储在安全可靠的地方。

（3）用户权限管理。对系统用户进行严格的权限管理，确保不同用户只能访问其权限范围内的数据和功能。权限设置应合理、明确，并定期审查和调整。

（4）操作日志记录。记录用户对系统的所有操作日志，以便在出现问题时进行追踪和排查。日志记录应详细、完整，并定期进行审查和归档。

（二）日常维护工作

会计信息系统日常维护工作主要包括硬件维护、软件维护、数据维护、安全性维护等，日常维护工作是会计信息系统运行的基础保障。

1. 硬件维护

定期对系统的硬件设备进行维护，确保其正常运行和延长其使用寿命。维护内容包括清洁、保养、更换损坏部件等。

2. 软件维护

对会计信息系统的软件进行维护，包括修复漏洞、更新版本、优化性能等。软件维护应由专业的技术人员进行，确保维护过程的安全和有效。

3. 数据维护

定期对系统中的数据进行维护，包括数据清理、数据整合、数据转换等。数据维护应确保数据的准确性、完整性和一致性。

4. 安全性维护

加强系统的安全防护措施，包括防火墙设置、入侵检测、病毒防范等。安全性维护应定期进行，并及时响应和处理安全事件。

（三）运行维护途径

会计信息系统运行维护途径包括两个部分，一是利用企业内部人员，解决企业实际业务问题；二是利用软件公司顾问资源，解决一些难度较大的技术性问题。

1. 建立内部支持流程

系统上线后，系统长期稳定的运行除了必要的技术支持外，企业内部还要有自我复制和优化的能力，这必须依靠企业自身对会计信息系统流程的理解与对操作的掌握，这就要求企业内部在运行初期就必须建立一套内部支持体系。内部支持方式和内部技术及应用支持内容包括：

（1）内部支持方式：邮件、电话、现场。

（2）内部技术支持内容：系统维护、数据备份、网络安全等。

（3）内部应用支持内容：如操作员权限管理，操作规范，主数据、业务流程、报表格式和数据变更调整需要遵循的程序等。

2. 软件公司运维

系统上线运行初期，由于用户操作习惯、业务流程改变等因素，可能会发生一些问题。为了保证上线一次成功，避免反复，需要软件公司的顾问提供一段时间的现场支持，及时处理问题。顾问现场支持的目的不仅在于解决日常问题，更重要的是帮助最终用户熟悉企业内部支持体系，帮助支持体系人员提高问题解决能力，以便企业内部支持系统能够有效运行，减少依赖性。

第三节　大数据时代下的会计信息系统应用

随着大数据技术的迅速发展，会计信息系统在大数据时代的应用变得愈发重要。大数据技术为会计信息系统提供了前所未有的机遇和挑战，使传统的会计工作模式得以转型升级。会计信息系统的应用可以帮助企业提高会计工作的效率和质量，支持决策分析，加强内部控制和风险管理，增强财务透明度和合规性。

在大数据时代，会计信息系统可以通过收集、整合和分析海量数据，提供更加准确、全面的会计信息。在大数据时代，会计信息系统可以通过对企业资源的全面监控和分析，帮助企业实现资源的优化配置和合理利用。这不仅可以提高企业的运营效率和经济效益，还可以为企业的决策提供有力支持。

一、账套与数据管理

账套与数据管理是会计信息系统应用的基础和前提。在会计信息系统开始应用前，需要根据企业实际情况创建一个账套，用来存放企业的会计数据。为保障会计信息系统的运行稳定和安全，还需要加强对会计数据的管理。

（一）账套管理

账套是指存放会计核算对象的所有会计业务数据文件的总称，账套中包含的文件有会计科目、记账凭证、会计账簿、会计报表等，这个核算对象可以是企业的一个分部，也可以是整个企业集团。

1. 账套建立

根据企业的实际情况和需求，建立一套完整的会计账套，包括设置账套名称、账套路径、启用日期、账套主管等信息，这是会计信息系统运行的基础。

2. 账套修改

在账套使用过程中，可以需要根据业务变化或管理需求对账套进行修改，如修改账套名称、调整会计科目、修改核算方法等。

3. 账套删除

当某个账套不再使用时，可以将其从系统中删除，以释放存储空间并保持系统的整洁。但需要注意的是，删除账套前应确保已做好数据备份，并确认账套中无重要信息。

4. 账套引入和输出

为了便于数据的共享和交换，可以将一个账套的数据导出，形成数据文件，然后将其导入到其他系统中，这有助于实现数据的迁移、备份和恢复等操作。

除了以上核心内容外，账套管理还可能涉及一些其他相关工作，如账套权限管理（设置不同用户对账套的访问权限）、账套日志管理（记录账套的操作历史和变更情况）等，这些工作都是为了确保会计信息系统的正常运行和数据安全。

（二）数据管理

企业的会计数据非常重要，一方面这些数据反映了企业经营的情况，有很重要的价值。另一方面企业对会计数据的产生、收集、整理和分析要求比较高，需确保其精准、真实。因此，有必要对会计数据进行管理，提高数据的有效性、安全性。

1. 数据采集

这是数据管理的第一步，包括从各种来源（如手工输入、电子文档、数据库等）收集原始数据，并进行必要的初步处理，如数据清洗、格式转换等。

2. 数据存储

将采集到的数据存储在适当的介质中，如硬盘、数据库等，以便后续的处理和查询。存储时应考虑数据的安全性、完整性和可访问性。

3. 数据处理

对存储的数据进行加工处理，以生成有用的信息。处理过程可能包括数据的排序、筛选、计算、汇总等。

4. 数据查询与输出

提供方便的数据查询和检索功能，使用户能够根据需要快速找到所需的数据和信息。将处理后的数据以适当的格式（如报表、图表等）输出，供用户分析和决策使用。

5. 数据备份与恢复

为防止数据丢失或损坏，应定期对数据进行备份。同时，应建立有效的数据恢复机制，以确保在发生意外情况时能够及时恢复数据。

6. 数据安全性管理

确保数据的安全性和完整性，防止未经授权的访问、修改或删除。这可能包括设置访问权限、使用加密技术、定期进行数据安全检查等。

7. 数据档案管理

对于长期保存的数据，应建立数据档案管理制度，包括数据的分类、存储、备份、迁移、销毁等方面的规定。

二、权限与业务设置

权限与业务设置是企业应用会计信息系统的关键，涉及企业岗位职责分工、企业个性化业务配置和会计信息系统操作安全等。企业在使用会计信息系统前要对权限与业务配置进行专项研究，精准设计，从而保障会计信息系统使用畅通。

（一）用户管理

用户是指登录会计信息系统的相关角色或者具体人员，企业需明确哪些人可以登录会计信息系统，一般分为系统管理员、具体业务操作员等不同角色。

1. 系统管理员

会计信息系统在创建公司账套时，一般会自动创建一个系统管理员角色，这个角色名一般默认为 administrator。

2. 角色管理

角色管理用来为公司创建角色，以便把创建的角色分配给角色关联用户。角色是具有相同权限的人员的一个集合，即岗位。不同的角色具备不同的操作权限，用户隶属于不同的角色。

3. 操作员管理

操作员是具体进入软件开展业务操作的人员，通常是企业内部的正式员工，创建时需要具体明确其编号、名称、所属部门等信息。

4. 用户修改与注销

系统管理员的名称由系统自动创建，一般不可以修改。企业自行增加的角色和具体操作员的相关信息可以修改，但是如果相关角色和具体操作员已经在系统中留下了操作痕迹，其信息将不可以被删除，只能通过注销功能来停止其操作权限，限制其登录系统。

（二）权限管理

权限管理是企业会计内控工作的重点。会计信息系统的权限可以有很多种分类，如按照岗位进行分配、按照单据功能进行分配、按照数据限额进行分配等，这明确了哪些人在会计信息系统中有哪些功能。

1. 依据用户分配权限

（1）系统管理员（超级用户）：一个系统的应用必须有一个总负责人，他是系统权限最大的用户，负责系统基础数据、参数的设置，可以给其他用户分配或修改权限，可以进入系统内的任何账套检查配置情况、验证和解决问题。这个角色一般由企业项目经理或系统管理员担任。

（2）单位管理员：有多个分子公司的集团，会计信息系统集中应用时应每个建账单位指定一名管理员，负责本单位内部的基础数据、参数配置、流程配置和最终用户的权限分配工作，他是单位权限最大的用户，但权限范围仅限于单位账内部。指定唯一的管理员的好处是明确了责任，如果有多人负责维护系统基础数据、参数配置的情况，那就会出现随意调整系统参数、基础数据而不通知其他岗位操作员的情况，给系统运行带来混乱。

（3）最终用户：根据具体岗位和方案分配，最终用户数量众多，在分配权限时，可以灵活应用用户组的方式，对用户组分配权限，以减少分配和以后权限调整的工作量。

2. 依据业务分配权限

最终用户的权限应该根据实施方案的规定由单位管理员负责分配，应避免分配无关的功能节点、操作按钮，造成最终用户的混乱。部门主管、公司领导一般不直接处理业务，只作审核、查询，分配权限时无须给他们单据、凭证等录入、修改的权限。

3. 依据数据分配权限

有些数据是必须保密或有限制使用的，如工资档案、人事信息等，除进行功能节点的权限分配外，还要基于这些数据针对不同用户或组设置权限。

4. 权限功能测试

分配好权限以后，还应该对各个权限单元（部门或个人）进行相应的检验，确保其准确性，并保证所设的权限能够满足日常工作的需要。检验的方法是以被设置权限的用户身份登录系统，查看系统显示的功能节点、按钮，浏览一下相关数据，确认是否正确。

（三）业务设置

业务设置是企业使用会计信息系统进行个性化配置的主要途径，企业需要根据自己的实际情况，选择相关业务具体的设置方式，如会计科目设置、凭证类别设置、账簿设置、报表设置、核算方法设置等。

1. 会计科目设置

会计科目是会计核算的基础，会计信息系统中需要建立完整的会计科目体系，包括资产类、负债类、所有者权益类、成本类、损益类等会计科目，并设置相应的科目编码和科目名称。

2. 凭证类别设置

凭证是会计记录经济业务的主要手段，会计信息系统中需要根据企业的实际情况设置不同的凭证类别，如记账凭证、收款凭证、付款凭证、转账凭证等，并定义各类凭证的格式和内容。

3. 账簿设置

账簿是会计信息系统存储和展示数据的主要方式，包括总账、明细账、日记账、辅助账等。系统需要根据会计科目的设置和凭证的录入自动生成各类账簿，并提供相应的查询和打印功能。

4. 报表设置

报表是会计信息系统输出数据的主要形式，包括资产负债表、利润表、现金流量表等财务报表，以及各类管理报表和分析报表。系统需要根据预设的报表格式和取数公式自动生成各类报表，并提供相应的查询和分析功能。

5. 核算方法设置

不同的企业可能采用不同的会计核算方法，如实际成本法、计划成本法、售价金额核算法等。会计信息系统需要根据企业的实际情况设置相应的核算方法，并在凭证录入和账簿生成时自动应用这些方法。

除了以上几个方面的业务设置，会计信息系统还可能包括其他设置，如外币设置、结算方式设置、税率设置等，这些设置都是根据企业的实际情况和需求进行的。在设置过程中，需要遵循会计法律法规和相关制度的规定，确保会计信息系统的合法性和规范性。

三、典型业务及应用

典型业务及应用是企业使用会计信息系统的主体和核心，会计信息系统通过典型业务及应用为企业解决日常会计业务核算与处理问题，保障企业会计业务规范。典型业务涵盖了总账管理、资金管理、费用报销管理、采购与应付管理、销售与应收管理、存货核算管理、资产管理和税务管理方面，这些业务共同构成了会计信息系统的核心功能，为企业的财务管理和决策提供全面、准确、及时的信息支持。

（一）总账管理典型业务

总账管理典型业务是会计工作中的核心部分，主要涉及账务日常处理、期末处理以及报表生成等方面，以下是总账管理典型业务的一些主要内容。

1. 日常处理

（1）凭证录入。根据企业发生的经济业务，录入相应的记账凭证，包括收款凭证、付款凭证和转账凭证等。

（2）凭证审核。对录入的凭证进行审核，确保凭证的准确性和合规性。

（3）凭证过账。将审核无误的凭证过账到相应的账簿中，如总账、明细账等。

2. 期末处理

（1）结账前准备。在结账前，需要进行一系列准备工作，如核对账簿、调整未达账项等。

（2）结账处理。按照一定的结账程序，进行结账操作，包括计算本期发生额、结转损益等。

（3）对账。在结账后，需要进行账证核对、账账核对和账实核对等，确保账簿数据的准确性和一致性。

3. 报表生成

（1）资产负债表。根据总账数据，生成资产负债表，反映企业在某一时点的财务状况。

（2）利润表。根据总账数据，生成利润表，反映企业在一定期间内的经营成果。

（3）现金流量表。根据总账数据，生成现金流量表，反映企业在一定期间内的现金流入和流出情况。

此外，总账管理典型业务还可能包括账簿查询、打印以及数据备份等工作。这些业务都是总账会计日常工作的重要组成部分，对于企业的财务管理和决策具有重要意义。

（二）资金管理典型业务

会计信息系统的资金管理涉及多个典型业务，这些业务主要围绕企业资金的流入、流出、调度、监控等方面展开，以下是资金管理在会计信息系统中的一些典型业务。

1. 资金计划与预算

（1）制订资金计划，包括现金流预测、资金缺口分析等。

（2）编制资金预算，确保企业各项运营活动有充足的资金支持，并控制资金成本。

2. 资金收入与支出管理

（1）录入各项收入信息，如销售收入、投资收益、其他业务收入等。

（2）跟踪应收账款，确保及时收款并减少坏账风险。

（3）录入各项支出信息，如采购成本、运营费用、税费支出等。

（4）控制应付账款的支付时机，优化现金流管理。

3. 资金调拨与内部结算

（1）处理企业内部各部门或子公司之间的资金调拨请求。

（2）进行内部结算，确保各部门或子公司的资金往来准确无误。

4. 银企对账与差异处理

（1）定期进行银行对账单的导入和匹配工作。

（2）处理银企对账中的差异项，确保资金数据的准确性。

5. 资金报告与决策支持

（1）生成资金日报、周报、月报等定期报告。

（2）提供资金管理的决策支持信息，如资金成本分析、资金效率分析等。

在会计信息系统中，资金管理典型业务通常通过资金管理模块来实现。资金管理模块与其他模块（如财务模块、供应链模块等）相互集成，确保资金数据的准确性和一致性。通过自动化和智能化的功能，会计信息系统可以大大提高企业资金管理的效率和准确性，为企业的稳健运营提供有力保障。

（三）费用报销管理典型业务

会计信息系统的费用报销管理涉及多个典型业务，这些业务主要围绕企业员工的费用申请、审批、报销以及后续的账务处理等方面展开，以下是费用报销管理在会计信息系统中的一些典型业务。

1. 费用申请与审批

（1）员工提交费用报销申请，包括差旅费、办公费、招待费等。

（2）申请经过部门负责人、财务负责人等审批流程，确保费用的合理性和合规性。

2. 原始单据管理

（1）员工需要提交与报销申请相关的原始单据，如发票、收据、行程单等。

（2）系统对原始单据进行扫描、上传和存储，方便后续审核和查询。

3. 费用报销处理

（1）财务人员对审批通过的费用报销申请进行审核，核对原始单据的真实性和准确性。

（2）审核通过后，系统生成相应的会计凭证，并将报销款项支付给员工。

4. 费用预算管理

（1）企业可以设定各部门的费用预算限额。

（2）系统实时监控各部门的费用报销情况，确保不超过预算限额。

5. 费用报销分析与报表

（1）系统提供费用报销的统计分析功能，如按部门、按费用类型等进行分析。

（2）生成各类费用报销报表，如费用明细表、费用趋势分析表等，为企业管理层提供决策支持。

6. 费用报销流程优化与改进

（1）企业可以根据实际需要对费用报销流程进行优化和改进。

（2）通过系统的流程配置功能，调整审批节点、审批权限等，提高费用报销的效率和质量。

（四）采购与应付管理典型业务

采购与应付管理典型业务是会计信息系统中的一个重要模块，主要处理与采购活动相关的交易和应付账款，以下是采购与应付管理典型业务的一些主要内容。

1. 供应商管理

（1）录入供应商信息，包括供应商名称、地址、联系方式等。

（2）维护供应商信息，如更新供应商资料、记录与供应商的交易历史等。

2. 采购订单管理

（1）创建采购订单，录入订单详细信息，如商品名称、数量、价格、交货日期等。

（2）审核采购订单，确保订单的准确性和合规性。

（3）跟踪采购订单的执行情况，包括订单确认、发货、收货等环节。

3. 采购入库处理

（1）根据实际收到的货物，进行入库操作，更新库存信息。

（2）生成入库单，记录入库的详细信息，如商品名称、数量、入库日期等。

4. 应付账款处理

（1）根据采购订单和入库单，生成应付账款记录。

（2）核对供应商发票，确保发票信息与应付账款记录一致。

（3）进行付款操作，更新应付账款的余额，并生成相应的付款凭证。

5. 采购退货处理

（1）处理采购退货申请，审核退货原因和数量。

（2）生成退货单，记录退货的详细信息，并更新库存和应付账款。

6. 采购与应付报表生成

（1）生成采购明细表，展示采购订单的详细信息，包括订单号、供应商、商品、数量、价格等。

（2）生成应付账款明细表，展示应付账款的余额、发票信息、付款情况等。

（3）生成采购统计报表，分析采购活动的趋势和成本构成。

以上内容仅为采购与应付管理典型业务的一般描述，实际工作中可能会根据企业的具体情况和需求有所差异。因此，在实际操作中，建议遵循会计法律法规和相关规定，并结合企业的实际情况进行处理。同时，加强与供应商之间的沟通和协调，以保证采购活动的顺利进行和应付账款的准确处理。

（五）销售与应收管理典型业务

销售与应收管理典型业务是会计信息系统中的一个核心模块，主要涉及销售活动的处理、客户管理以及应收账款的管理，以下是销售与应收管理典型业务的一些主要内容。

1. 客户管理

（1）录入客户信息，包括客户名称、地址、联系方式、信用额度、信用期限等。

（2）维护客户信息，定期更新客户资料，记录与客户的交易历史。

2. 销售订单管理

（1）接收客户订单，录入订单详细信息，如商品名称、数量、价格、交货日期等。

（2）审核销售订单，检查订单的准确性、合规性以及客户信用状况。

（3）跟踪销售订单的执行情况，包括订单确认、发货、收货确认等环节。

3. 销售出库处理

（1）根据销售订单和发货通知，进行出库操作，更新库存信息。

（2）生成销售出库单，记录出库的详细信息，如商品名称、数量、出库日期等。

4. 应收账款处理

（1）根据销售订单和出库单，生成应收账款记录。

（2）开具销售发票给客户，确保发票信息与应收账款记录一致。

（3）跟踪应收账款的回收情况，进行收款操作，更新应收账款的余额，并生成相应的收款凭证。

5. 销售退货处理

（1）处理客户退货申请，审核退货原因和数量。

（2）生成退货单，记录退货的详细信息，并更新库存和应收账款。

6. 销售与应收报表生成

（1）生成销售明细表，展示销售订单的详细信息，包括订单号、客户、商品、数量、价格等。

（2）生成应收账款明细表，展示应收账款的余额、发票信息、收款情况等。

（3）生成销售统计报表，分析销售活动的趋势、客户购买行为以及销售收入和成本等。

以上内容仅为销售与应收管理典型业务的一般描述，实际工作中可能会根据企业的具体情况和需求有所差异。因此，在实际操作中，建议遵循会计法律法规和相关规定，并结合企业的实际情况进行处理。同时，确保与客户之间的沟通和协调，以保证销售活动的顺利进行和应收账款的准确处理。

(六)存货核算典型业务

会计信息系统的存货核算管理涉及多个典型业务，这些业务主要围绕企业存货的收发、领用、销售、库存调整等方面展开，以下是存货核算管理在会计信息系统中的一些典型业务。

1. 存货入库管理

(1)录入存货入库信息，包括存货名称、规格型号、数量、单价等。

(2)根据入库单生成相应的会计凭证，更新库存数量和金额。

2. 存货出库管理

(1)处理存货出库申请，包括销售出库、生产出库、领用出库等。

(2)根据出库单生成相应的会计凭证，扣减库存数量和金额。

3. 存货调拨管理

(1)处理存货在不同仓库或部门之间的调拨申请。

(2)更新调拨前后的库存数量和金额，确保数据的一致性。

4. 存货盘点管理

(1)定期进行存货盘点，核对实际库存数量与系统记录是否一致。

(2)处理盘点差异，包括盘盈和盘亏，并生成相应的会计凭证。

5. 存货计价管理

(1)根据企业的计价方法(如先进先出、加权平均等)计算存货的发出成本。

(2)根据计价结果生成相应的会计凭证，确保存货成本的准确性。

6. 存货跌价准备管理

(1)定期对存货进行跌价测试，评估存货的可变现净值是否低于其成本。

(2)如有需要，计提存货跌价准备，并生成相应的会计凭证。

7. 存货报表与分析

(1)生成各类存货报表，如存货明细表、收发存汇总表、库存周转率分析报告等。

(2)对存货数据进行分析，为企业的采购、销售和生产决策提供支持。

在会计信息系统中，这些存货核算管理的典型业务通常通过存货管理模块来实现。存货管理模块与其他模块(如财务模块、销售模块、采购模块等)相互集成，确保存货数据的准确性和一致性。通过自动化和智能化的功能，会计信息系统可以大大提高企业存货核算管理的效率和准确性。

（七）资产管理典型业务

会计信息系统的资产管理涉及多个典型业务，这些业务主要围绕企业资产的购置、使用、维护、处置等过程展开，以下是资产管理在会计信息系统中的一些典型业务。

1. 资产购置与验收

（1）录入资产购置信息，包括资产名称、规格型号、数量、购置价格等。

（2）进行资产验收，确保购置的资产符合预期要求，并更新资产状态为“在用”。

2. 资产台账管理

（1）建立资产台账，记录资产的基本信息，如资产编号、名称、类别、使用部门等。

（2）定期更新资产台账，包括资产的使用状况、变动情况等。

3. 资产折旧与摊销

（1）根据资产的类别和使用年限，设置相应的折旧方法和摊销期限。

（2）自动计算资产的折旧额或摊销额，并生成相应的折旧凭证或摊销凭证。

4. 资产维修与保养

（1）记录资产的维修和保养情况，包括维修日期、维修内容、费用等。

（2）分析资产的维修历史，为制订未来的维修计划提供参考。

5. 资产调拨与处置

（1）处理资产调拨申请，更新资产的使用部门和位置信息。

（2）处理资产处置申请，包括报废、出售、捐赠等，并更新资产状态为“已处置”。

6. 资产清查与盘点

（1）定期进行资产清查，核对资产台账与实际资产的一致性。

（2）进行资产盘点，确保资产的实物与台账记录相符，并处理盘点差异。

7. 资产报表与分析

（1）生成各类资产报表，如资产明细表、折旧摊销表、维修保养统计表等。

（2）对资产数据进行分析，如资产使用效率分析、维修费用分析等，为企业的资产管理决策提供支持。

在会计信息系统中，这些资产管理典型业务通常通过资产模块来实现。资产模块与其他模块（如财务模块、采购模块等）相互集成，确保资产数据的准确性和一致性。

（八）税费管理典型业务

会计信息系统的税费管理涉及多个典型业务，这些业务主要围绕企业税务登记、税费计算、申报缴纳、税务筹划等方面展开，以下是税费管理在会计信息系统中的一些典型业务。

1. 税务登记与档案管理

（1）企业完成税务登记，包括基本信息登记、税种认定、发票领购等。

（2）系统维护税务相关档案，如税务登记证、税种核定表、税收优惠证明等。

2. 税费计算与核算

（1）根据企业发生的应税业务，系统自动计算各种税费，如增值税、企业所得税、个人所得税等。

（2）确保税费计算的准确性和及时性，为后续的申报缴纳提供数据支持。

3. 税务申报与缴纳

（1）定期生成税务申报表，如增值税申报表、企业所得税申报表等。

（2）企业通过系统完成税费的电子申报和缴纳，确保按时足额缴纳各项税费。

4. 税务筹划与优化

（1）系统提供税务筹划功能，帮助企业合理规划税务事项，降低税负。

（2）结合企业业务特点和税收政策，提供优化建议，如选择合适的纳税地点、利用税收优惠政策等。

5. 税务风险管理与预警

（1）系统监控税务相关风险，如未及时申报、漏报、错报等。

（2）提供风险预警功能，及时发现潜在问题，提醒企业进行整改。

6. 税务查询与统计

（1）提供税务相关数据的查询功能，方便企业随时了解税务情况。

（2）生成各类税务统计报表，如税费缴纳明细表、税负分析表等，为企业管理层提供决策支持。

7. 税务政策更新与解读

（1）系统及时获取并更新最新的税务政策法规。

（2）提供政策解读功能，帮助企业准确理解和应用新政策。

在会计信息系统中，这些税费管理的典型业务通常通过税务管理模块来实现。税务管理模块与其他模块（如财务模块、销售模块、采购模块等）相互集成，确保税务数据的准确性和一致性。通过自动化和智能化的功能，会计信息系统可以大大提高企业税费管理的效率和准确性，降低税务风险。同时，系统还可以提供个性化的税务筹划建议，帮助企业合理利用税收政策，降低税负。

四、信息化工作规范

信息化工作规范是国家或行业对企业使用会计信息系统的具体要求，需要企业严格遵守，从而保障企业会计数据的真实、有效、安全。

（一）机制建设要求

会计信息化需要企业高度重视，要有健全的机制保障其日常有序、高效、安全地运行。

1. 专门机构

企业应当指定专门机构或者岗位负责会计信息化工作。未设置会计机构和配备会计从业人员的企业，由其委托的代理记账机构开展会计信息化工作。

企业开展会计信息化工作，应当注重信息系统与经营环境的契合，通过会计信息化推动管理模式、组织架构、业务流程的优化与革新，建立健全的、适应信息化工作环境的制度体系。

2. 制度规范

企业应当遵循企业内部控制规范体系要求，加强对会计信息系统规划、设计、开发、运行、维护全过程的控制，将控制过程和控制规则融入会计信息系统，实现对违反控制规则情况的自动防范和监控，提高内部控制水平。

（二）业务核算要求

会计信息化操作除了要遵守会计准则等相关要求之外，在业务核算方面也有新的变化。

1. 整体性

大型企业、企业集团开展会计信息化工作，应当注重整体规划，统一技术标准、编码规则和系统参数，实现各系统的有机整合，消除信息孤岛现象。

2. 一体化

企业应当促进会计信息系统与业务信息系统的一体化，通过业务的处理直接驱动会计记账，减少人工操作，提高业务数据与会计数据的一致性，实现企业内部信息资源共享。

3. 共享型

企业应当根据实际情况，开展本企业信息系统与银行、供应商、客户等外部单位信息系统的互联，实现外部交易信息的集中自动处理。

（三）数据管理要求

数据是会计信息化的处理核心，国家对会计信息化的数据管理有严格要求。

1. 语言要求

企业会计资料中对经济业务事项的描述应当使用中文，可以同时使用外语或者少数民族文字对照。

2. 备份要求

企业应当建立电子会计资料备份管理制度，确保会计资料的安全、完整和会计信息系统持续、稳定（地）运行。

3. 数据管理

企业会计信息系统数据服务器的部署应当符合国家有关规定。数据服务器部署在境外的，应当在境内保存会计资料备份，备份频率不得低于每月一次。境内备份的会计资料应当在境外服务器不能正常工作时，能够独立满足企业开展会计工作的需要以及外部会计监督的需要。

4. 存储传输

企业不得在非涉密信息系统中存储、处理和传输涉及国家秘密、关系国家经济信息安全的电子会计资料；未经有关主管部门批准，不得将其携带、寄运或者传输至境外。

第三章　大数据时代下的财务共享服务中心

财务共享服务中心（Financial Shared Service Center，FSSC）是一种创新的会计和报告业务管理方式。它将不同国家、地点的实体会计业务集中到一个共享服务中心来进行记账和报告。这种模式的建立依托于信息技术，以财务业务流程处理为基础，旨在优化组织结构、规范流程、提升流程效率、降低运营成本或创造价值。大数据时代下的财务共享服务中心是一种基于互联网信息技术的新型财务管理模式。该模式将分布在不同地区的实体会计业务集中到一个特定的地点和平台进行处理，以提高效率和降低成本。这种集中化的处理方式使企业可以将有限的资源和精力放在其核心业务上，从而保持和创新自身的竞争优势，促进企业的可持续发展。

在大数据时代背景下，财务共享服务中心具有显著的优势。首先，它可以积极有效地降低企业财务管理方面的成本，提高财务管理工作的效率。通过集中化处理，企业可以实现规模经济，减少重复性、高频率的事务处理成本。其次，财务共享服务中心可以减少企业内部沟通障碍，提高相关信息透明度，形成企业信息共享。这有助于总部与子公司之间的信息流通，减少理解偏差和反馈时效性不强的问题。目前，财务共享服务中心已经被跨国公司和国内大型集团公司广泛采用。这些公司通过运用财务共享服务中心进行公司整体经营状况的把控，为公司的工作部署和人员调动提供了数据支持，并控制了企业的运营成本。这一模式的应用为企业赢得了更多的经济效益，并为企业的财务管理和决策提供了有力支持。

第一节　财务共享服务中心概述

财务共享服务中心是财务会计工作专业化分工的标志性产物，也是会计信息化发展的时代产物，更是大数据时代共享服务经济的典型应用。财务共享服务中心既继承了传统财务核算的规范性要求，也扩大了现在企业会计核算的范围，丰富了会计业务处理模式，拓展了会计部门的职能。

一、财务共享服务中心的由来

财务共享服务中心作为一个时代的产物，有其演变的过程，趁着会计行业发展趋势而不断发展，伴着信息技术创新而不断优化，随着企业应用场景增多而不断深入。财务共享服务中心将是集团企业现在和未来很长一段时间内关注的重点，也将变成财务核算领域的主要模式。

（一）财务共享服务中心的概念

1. 共享服务

“共享”本身是信息技术的专业术语，但随着数字经济的快速发展，“共享服务”变成了企业整合业务运作、再造管理流程的一种崭新的管理模式。

“共享服务”（Shared Services）是指将组织内原来分散在各业务单元进行的事务性工作和部分专业服务工作（如财务收支、应收账款清收、人力资源管理、采购管理、IT 管理服务、法律事务等）从原业务单元中分离出来，通过专门的组织，使用标准的流程和系统来运作。

2. 财务共享服务中心

财务共享服务（Financial Shared Service，FSS）最初源于一个很简单的想法：将集团内各分公司的某些事务性的功能（如会计账务处理、职工薪酬福利处理等）集中处理，以达到规模效应，降低运作成本。根据国际财务共享服务管理协会（International Financial Shared Service Association，IFSS）的权威定义，财务共享服务是依托于信息技术，以财务业务流程处理为基础，以优化组织结构、规范流程、提升流程效率、降低运营成本或创造价值为目的，以市场视角为内、外部客户提供专业化生产服务的分布式管理模式。

财务共享服务中心是近年来快速流行起来的会计和报告业务管理方式。它将不同国家、地点的实体的会计业务集中起来记账和报告，这样做的好处是保证了会计记录和报告的规范和结构统一。由于不需要在每个公司和办事处都设会计，节省了系统和人工成本。

（二）财务共享服务中心的发展

20 世纪 80 年代初，福特公司建立了第一个财务共享服务中心。90 年代，财务共享服务的推广加快了步伐。根据英国注册会计师协会的调查，至今已有超过 50% 的财富 500 强企业和超过 80% 的财富 100 强企业建立了财务共享服务中心。财务共享服务中心的发展历程大致经历了以下三个阶段。

1. 起步阶段（20 世纪 80 年代初）

财务共享服务中心的概念刚刚建立，只有少数科研人员对此进行研究，相关信息归集难度以及业务人员综合素质水平远远达不到要求。在这个阶段，仅有几家大型企业试行了财务共享服务中心，其目的也仅仅是降低财务成本。福特汽车公司是这一阶段的代表，它成立了最早的财务共享服务中心。

2. 成长阶段（20 世纪 90 年代）

财务共享服务中心的理论基础逐步完善，相关技术手段成为可能。一些大型企业集团开始在世界各地开展财务共享服务中心建设，这一阶段的企业已经不再满足于降低财务成本，而是开始向提高公司服务质量方向发展。杜邦、美孚等公司也相继成立了财务共享服务中心。

3. 成熟与不断完善阶段（21 世纪以来）

电子信息技术得到了前所未有的高速发展，包括财务人员在内的各种工作人员均能熟练掌握电子信息技术，移动客户端的运用更是大大提升了财务共享中心服务发展速度。财务共享服务中心功能从提升服务质量进一步延伸到企业的战略支撑。中兴通讯在 2005 年成为第一家建立财务共享服务中心的中国企业，这标志着财务共享服务中心在中国的发展进入了一个新的阶段。

随着人工智能技术的不断成熟，财务共享服务中心的发展趋势也日益明显。一方面得益于企业内部的全方位融合，以会计核算为中心的财务共享服务中心将与人力资源、合同管理、采购管理、存货管理、销售管理等其他底层支持平台共同组建起综合的一体化智能共享平台，搭建起智能的一体化数据中心，真正成为企业管理的有力助手，服务企业全方面的需求。另一方面得益于整个经济体业务链的通盘融合，众多上下游产业链、合作伙伴将在同一平台直接运用信息系统进行网状连接和业务开拓，数据联通和数据共享将使业务过程更加顺畅。

二、财务共享服务中心的特点

财务共享服务中心相比于传统的财务核算部门具有鲜明的特点，包括服务性、协议性、技术性、统一性、专业性、规模性等，这些特点使财务共享服务中心在大数据时代下能够更好地满足企业的财务管理需求，提高财务工作的效率和质量。

（一）服务性

财务共享服务中心的服务性体现在不管是提供服务的一方还是接受服务的一方，都需要按照签署的协议付费。财务共享服务中心以顾客的需求为导向，不断改善内部服务以提高客户的满意度，并按照与客户合作之前签订的服务协议收取一定费用。

（二）协议性

财务共享服务中心的协议性体现在提供的服务有协议进行约束，一旦出现分歧，便可以按照协议签订的条件来进行协调处理。服务共享服务中心是一个相对自主的商业实体，通过与内、外部客户签订服务水平协议（Service-Level Agreement，SLA），确定从财务共享服务中心和客户（业务部门）的业务合作关系，在SLA中明确提供服务的业务内容、时间期限和质量标准等，由协议合同确定收费等事项。

（三）技术性

财务共享服务中心的技术性体现在依赖高度集成的系统平台以及移动网络技术，以此实现同企业分支部门客户的信息同步传递。其拥有ERP系统、图像管理系统、文件管理系统，以及机器人流程自动化程序等信息化系统。信息技术的发展使财务共享服务得以实现和有效运行。无论是会计的基本处理，还是影像的传输，或是更有价值的决策，都离不开信息科技的支持。基于云计算等技术，可以实现事前提示、事中控制、事后评价。

（四）统一性

财务共享服务中心的统一性体现在财务共享服务中心将所有繁复的业务进行标准化统一处理，实现节约成本和降低风险的目的。统一的核算规则、标准的操作模式、标准化的运作流程、集中化的信息系统等，都纳入服务共享服务体系，通过将不同地域的非标准化的业务活动进行有效整合，从而加强有效管理，有利于公司规模的扩张。

（五）专业性

财务共享服务中心的专业性体现在满足不同客户的不同需求，为了提高客户的满意度针对性地为客户提供专业的服务。财务共享服务中心拥有各方面的管理人员、技术人员以及专业化的知识，为客户提供基本业务咨询、财务外包服务、战略决策等专业化的共享服务。

（六）规模性

财务共享服务具有规模经济的优势，通过整合那些协调性差的业务流程活动，形成一定的规模经济，从而降低企业的管理成本，提高运行效率。在实行财务共享服务之前，财务机构和财务人员基本上是分散分布的。由于工作人员的质量和工作标准的不统一，导致信息反馈滞后、参考性差。而在财务共享服务模式下，将部分基础工作转移到财务共享服务中心，进行大规模的标准化操作，这可以极大地提高工作效率。

三、财务共享服务中心的功能

财务共享服务中心之所以被许多大公司广泛使用，是因为其全新的业务模式可以给集团企业提供良好的集团管控的方案，有效提升管理效率，驱动业财融合、节约经营成本。

（一）加强企业的财务管控力度

财务共享平台将财务信息集中管理，能够加强集团对各子公司财务的管控力度。这样集权的财务管控模式，一方面加强了集团对各级公司资金的管控，保证资金的有效运转，另一方面集团能够随时监控各级公司的经营管理以及非正常的财务工作事项，这就有效避免了公司中因投机心理或人为管理差异而产生的违规行为，使集团的经营行为更加标准和安全。

（二）降低企业的管理成本

通常来说，随着企业规模的扩大，企业的经营成本也会不断地增加，所以降本增效是现企业管理中十分重要的一方面，建立财务共享服务中心，采用线上审批，能够减少大量重复简单的工作，提高工作效率，推动集团从人力及办公运营两方面降低企业的管理成本。

（三）赋能企业业财一体化

一是降本增效。通过组织人力重构、业务流程重塑、信息系统建设优化，减少大量重复性财务基础工作，降低财务处理成本，提升财务核算效率与质量。

二是统一财务规范。通过统一规划、分步实施建设财务共享服务中心，最终实现财务集中化、规范化、电子化及流程化管理。

三是实现人才的转型。通过专业化分工并借助信息化手段，释放财务人员精力，推动财务人员的转型。

通过以上三步，打通集团经营管理、生产管理、资源配置、财务共享等领域的各个环节，实现业务处理自动化、业财融合一体化、数据交互协同化，在提升工作效率的同时生成及时、准确、全面、真实的数据报表，作为经营管理决策的重要支撑。

（四）赋能企业项企一体化

一是实现资源共享，构建一个统一开放、信息共享的数字化平台，实现系统数据的互联互通，保证信息互通和数据共享，提高集团实时决策的水平与准确性。

二是加强财务管控，通过组织架构、财务核算体系、内控制度建设、预算管理、系统继承等方式，实现财务和资金集中化管控。

三是实现财务转型，通过财务共享信息化平台的实施，推动公司财务管理模式的转变，促进搭建战略财务、管理财务、业务财务、共享财务“四位一体”的财务管理体系。

最终通过接入财务共享实现施工业务和财务一体化，与项企一体化进行有效对接，实现施工业务经营管理、供应链管理、项目管理、财税管理全过程打通，企业生产经营等数据可视化，提升集团内部精细化、规范化、数字化管理水平。

（五）为公司提供决策支持

整个集团及下属公司均通过同一个平台进行日常工作的处理，这就确保了财务数据的时效性，提升了整个集团的财务管理工作效率和质量。根据数据产出结果，及时准确作出数据分析报告，为每个项目、公司、集团提供正确的决策支持。

四、财务共享服务中心的风险

财务共享服务中心虽然有许多特点和强大的功能，但是受应用背景、操作环境、人员素养等影响，也存在一些战略规划、组织变革、人员变革、流程变革、系统建设、税务法律等方面的风险和挑战，需要企业对此有充分的认知，在具体实施过程中加以关注和规避。

（一）战略规划风险

在建立财务共享服务中心的过程中，往往需要先对其定位、目标、模式、范围、选址等做好战略规划，其中可能会因为对财务共享服务认识不足，造成模式、范围和选址等选择不合理的情况，最终导致财务共享服务中心建设失败。

（二）组织变革风险

组织变革是建设财务共享服务中心的必经之路，组织变革的目的就是要使业务型组织转换为价值型组织，但变革涉及的范围非常广，所以需要选择合适的时机和方式，循序渐进，制订详尽的方案和及时评估变革的效果，否则将会造成组织内部冲突，无法在组织层面上实现业财融合。

（三）人员变革风险

在建设财务共享服务中心的过程中，因人员变革涉及财务人员的削减、转岗和再培训，所以变革对财务人员的影响是最大的。业务前端人员需要改变以往的工作方式，与距离较远的财务共享服务中心对接工作，容易产生抵触心理，影响工作效率。财务共享服务工作专业分工细、高强度、重复且枯燥，若缺乏清晰的针对财务共享服务中心人员的发展方向，容易导致财务人员流失。如果无法有效改变财务及业务人员的传统观念，引导人员适应新的工作模式，将增加企业内部沟通成本，导致错误频出等问题，不利于企业的稳定性。

（四）流程变革风险

流程变革同样也是建设财务共享服务中心的必经之路，流程变革的目的就是要使流程导向取代职能导向，但变革涉及流程设计、衔接、执行和优化等，如果在流程设计阶段未能充分考虑下属公司的差异，容易出现新旧流程的衔接过渡不顺畅，新流程对制度的重新制定不够清晰，新流程执行流于形式或无法达到预期效果等情况，最终导致出现问题后相互推诿责任的问题。

（五）系统建设风险

在建设财务共享服务中心的过程中，首先需要投入大量资源整合原有的财务系统和业务系统，如果整合后的系统不但没有减轻财务与业务人员的工作量，反而容易由于功能不够完善或过于复杂，难以操作而影响工作效率。其次，新系统的运行效果需要时间验证，需要解决如何处理历史数据，如何保障数据的录入、传递、提取加工及保密等问题。

（六）税务法律风险

财务共享服务中心整合了包括税务核算和申报在内的流程，但如果财务共享服务中心不能及时获取各地区差异的税收政策，轻则容易导致税收筹划的滞后性，重则容易面临违反相关税法法规的问题。

第二节 财务共享服务中心建设规划

财务共享服务中心建设规划应该是一个系统性的过程，涉及多个方面。建设规划中需要明确财务共享服务中心建设的目标，了解企业的业务流程和财务需求，包括日常账务处理、报表编制、税务处理、资金管理等方面。根据企业实际业务需求，设计财务共享服务中心的服务流程。根据服务流程和技术需求，合理配置人员，包括确定人员数量、岗位职责、技能要求等。财务共享服务中心的建设还依赖先进的技术支持，如影像扫描、电子档案管理、自动化办公等，同时需要通过制度化管理，确保财务共享服务中心的稳定运行和持续发展。

财务共享服务中心建设规划需要全面考虑企业的实际情况和需求，在确保服务质量和效率的同时，注重风险控制和数据保密。通过不断的优化和改进，实现财务共享服务中心的持续发展。

一、财务共享服务中心建设原则

参考成功实施财务共享服务中心的企业项目案例，财务共享服务中心在建设的时候有一些建设原则值得思考，比如“四位一体”原则、应纳尽纳原则、职能不变原则、整体联动原则、全面推进原则等，遵守这些原则可以更好保障财务共享中心建设的有效性。

（一）“四位一体”原则

财务共享服务中心的建立要促进企业财务组织结构变革，实现企业财务架构从“总部—二级单位—分子公司三级”分散式核算的传统模式转变为集战略财务、管理财务、业务财务和共享财务“四位一体”的共享模式。坚持“四位一体”原则，有利于显著提升企业基础财务业务的处理效率和财务创造价值的能力。由战略财务、管理财务、业务财务和共享财务组合而成的财务管理体系，在信息提取、价值提升和业务模式创新等方面具有重要作用。战略财务作为“经营指挥棒”（集团财务管理层），从财务视角为企业战略规划和经营决策提供支持；管理财务（二级公司财务管理层）作为“经营导航仪”，落实并推进集团制度，反馈经营需求；业务财务（各级公司财务经办人员）作为“经营仪表盘”，为业务提供深入价值链财务管理支持；共享财务（共享中心财务人员）作为“经营服务器”，以交易处理为主，释放并整合财务核心能力。

（二）应纳尽纳原则

应纳尽纳原则指“以专业化和地域为主，遵循企业财务业务处理的方便性、时效性、低沟通成本等”，将对战略影响度相对较低、业务重复性高、易于标准化、受地域限制影响小的基础核算业务应纳尽纳入财务共享服务中心。财务共享服务中心将会纳入以下业务：核算细则与信息披露职能，包括会计核算细则指定、财务明细制度制定、外部升级与税检配合、核算基础数据提供以及标准数据加工。会计核算职能比较基础，包括费用、资产、应付、成本、收入、薪酬、税务、总账等。资金结算职能主要是付款、电子票证、资金拨付、银行对账、收款确认以及账户管理。财务报表编制职能包括月报、季报、年报以及标准管理报表。税务支撑职能包括编制税务申报表、发票认证以及发票查重验真。运营管理职能主要是一些企业日常总体运营工作，例如：现场管理、绩效管理、质量管理、人员管理、共享内部核算、综合管理以及共享内部档案管理等。

（三）职能不变原则

职能不变原则指在实施财务共享后，各单位仍对本单位经济业务发生的真实性、规范性、完整性及经济活动产生的结果负责，具体为会计、内控、审计、资源管理、审批责任主体以及税收隶属关系不变。财务共享服务中心负责在经济业务发生过程中提供规范、统一的服务，对经济活动过程相关会计资料的合法性、合规性以及完整性进行管控。财务共享后，财务共享服务中心仍按不同法人单位设置账套，机关、项目建立自己的行政组织及利润中心，所以会计、内控、审计等方面都保持不变。税务方面虽然是由财务共享服务中心进行税务核算及提供报税基础数据，但从税收隶属关系上看具体报税主体及责任主体仍为法人单位。

（四）整体联动原则

财务共享服务中心的具体构建方案，是基于其当前的运营状况以及其所面对的内、外部环境进行考虑的。财务共享服务中心是期待构建起一个集中、专业且标准的平台，将业务与财务、项目与财务、税务与财务、外部商旅业务与报销业务等相连通。这就要求企业各部门之间必须通力合作、相互协调，充分调动各个职能单元的主观能动性，采纳考虑各方意见，最终实现多方面联动发展的局面。

（五）全面推进原则

财务管理的变革不是财务部门单一的变革，而是需要联动集团内各公司各部门的改革，更是涉及企业未来发展方针的改革。但是改革向来不会是一帆风顺的，一定会受到已知或未知的阻力。比如地域限制、外区公司的推行力度、信息系统的成熟程度以及初始数据的迁移等问题。想要成功建立起财务共享服务中心，必须综合考虑所有的相关因素，并提前计划每一步程序的进展。做到以上要点，才能保证财务共享服务中心的成功建立及全面推进。

二、财务共享服务中心系统规划

财务共享服务中心作为独立的实体运行后，需要一套完整的信息系统作为其支撑和保障。在这个统一的信息系统平台中，最基本的系统平台有会计核算系统、影像扫描系统、电子报销系统和银企直联系统等，各系统互通互联，充分发挥作用。财务核算系统中，财务人员需要把具体业务抽象为会计分录，反映在核算系统中。业务流程简单而标准化，对财务人员的要求降低，但需要功能匹配的业务应用系统。随着企业规模的不断扩大，一些财务核算软件可能无法满足其会计核算业务，这就涉及财务核算系统的更新换代。目前大型企业一般会选择 ERP 作为财务核算的核心系统，我国市场上多种国内外 ERP 产品中，知名的厂商有 Oracle、SAP、用友和金蝶。

会计信息系统处于财务信息系统中的核算层，分为四大分系统：财务运营系统、财务核算系统、资金管理系统和税务管理系统，核算层会计信息系统主要结构及各子系统之间的信息流转关系如图 3 －1 所示。

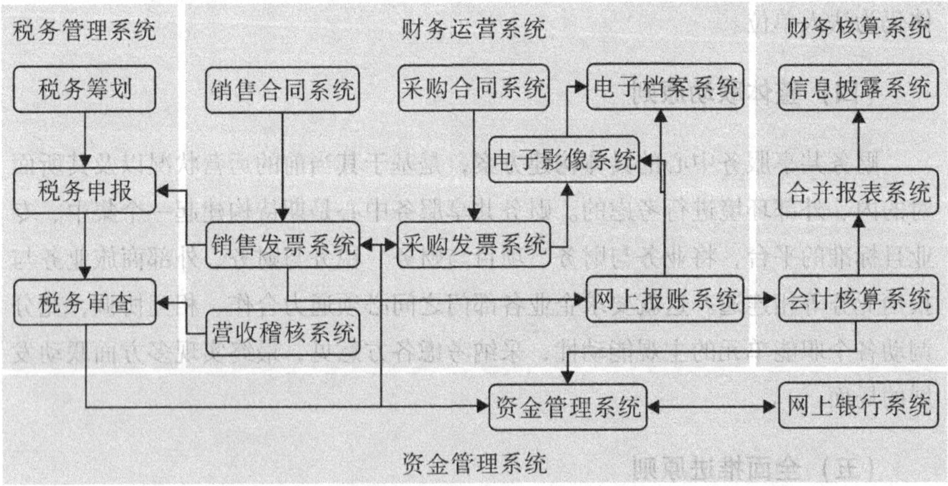

图 3 －1　核算层会计信息系统主要结构及各子系统之间的信息流转关系

（一）财务运营系统

财务运营系统是财务运作中的事务处理系统，分为销售合同系统、采购合同系统、销售发票系统、采购发票系统、营收稽核系统、网上报账系统、电子影像系统和电子档案系统八个子系统，主要进行财务基础交易业务的处理，代替了手工操作，直接与业务信息系统对接，收集并记录、处理交易事项产生的数据，并进行分类统一管理，以便存档和查证。其中合同管理系统和业务系统中的销售、采购管理系统直接对接，而另外属于业务系统的生产管理系统和人力资源系统则越过了财务运营系统，直接对接到财务核算系统中的会计核算系统。财务运营系统的主要结构及信息流转关系如图 3 －2 所示。

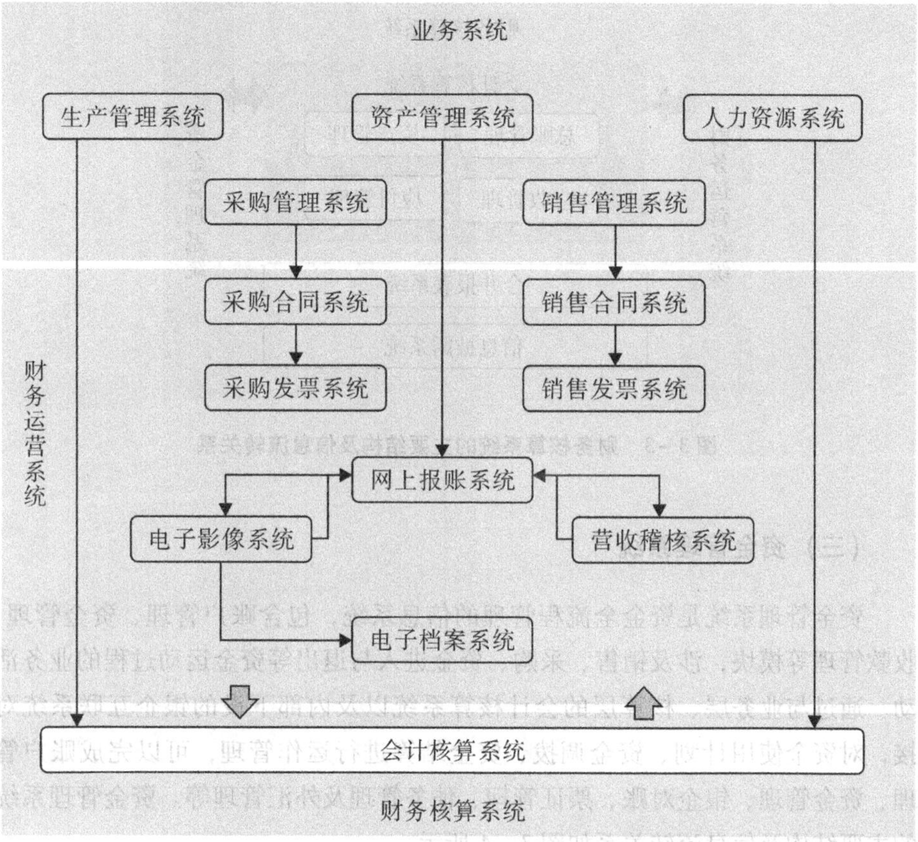

图 3－2　财务运营系统的主要结构及信息流转关系

（二）财务核算系统

财务核算系统包含三个子系统：会计核算系统、合并报表系统、信息披露系统，三个子系统之间的运行逻辑简单清晰，以原始凭证为起点，最终输出会计报表完成会计循环，并将输出结果导入信息披露系统。其中会计核算系统处于财务核算系统中的核心地位，也是整个会计信息系统中最重要的子系统之一，与业务层的业务系统和核算层的财务运营系统、资金管理系统都存在信息交互关系。会计核算系统的主要内容是会计循环，完成从信息到凭证，从凭证到账表的过程；合并报表系统负责合并抵消等复杂的股权关系业务处理，并出具合并报表；信息披露系统的业务流程包括披露信息的收集、处理、审核和发布，将符合信息需求方要求的信息进行展示和传递。财务核算系统的主要结构及信息流转关系如图 3－3 所示。

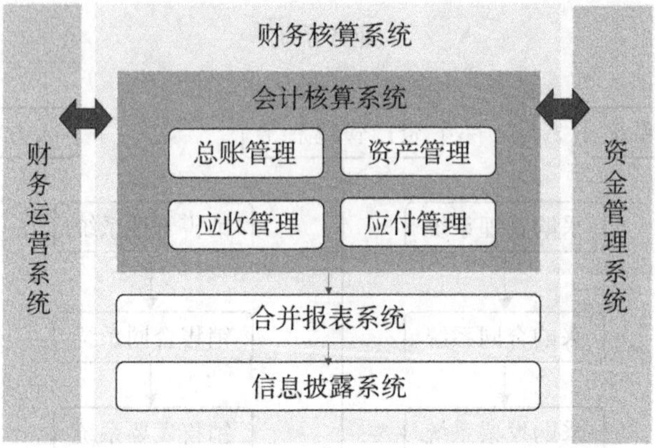

图 3－3　财务核算系统的主要结构及信息流转关系

（三）资金管理系统

资金管理系统是资金全流程管理的信息系统，包含账户管理、资金管理、收款管理等模块，涉及销售、采购、资金进入与退出等资金运动过程的业务活动。通过与业务层、核算层的会计核算系统以及内部下设的银企互联系统对接，对资金使用计划、资金调拨、资金结算进行运作管理，可以完成账户管理、资金管理、银企对账、票证管理、债务管理及外汇管理等。资金管理系统的主要结构及信息流转关系如图 3－4 所示。

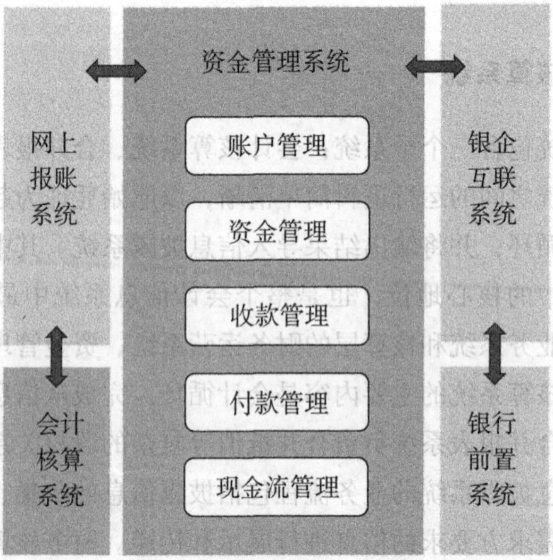

图 3－4　资金管理系统的主要结构及信息流转关系

（四）税务管理系统

税务管理系统主要包括税务数据的采集及核算、预测、分析以及纳税申报等功能，是企业税务的监控和管理平台。财务共享服务中心的税务管理主要内容涵盖以下几个方面。

1. 税务筹划

基于企业的财务状况和税收政策，制订适合的税务筹划方案。这包括合法避税、降低税务负担等策略，以确保企业税务活动的合规性和经济效益。

2. 税收申报

负责按时申报各类税种的纳税申报表，如增值税、企业所得税等。在申报过程中，需要收集、整理和核对涉税信息、会计凭证等相关材料，确保申报的准确性和及时性。

3. 税务审查

税务部门会对财务共享服务中心的纳税申报进行审查，核实所申报税种的准确性和合法性。在这个过程中，财务共享服务中心需要配合税务部门的审查工作，提供必要的资料和信息。

4. 税务风险管理

通过全面了解和监控集团财务共享服务中心所属区域内各公司所有的涉税事宜，及时发现和规避潜在的税务风险。这包括与公司业务相关的最新税收政策的及时传递、督促各主管会计及时进行税务申报、正确缴纳税款、及时退税等。

5. 税务培训与咨询

为企业内部人员提供税务培训和咨询服务，帮助他们更好地理解和遵守税收政策，提高税务操作的规范性和准确性。

三、财务共享服务中心架构规划

企业在选择使用财务共享服务中心时，首先要选适合自己企业的共享模式，其次要考虑搭建财务共享服务中心的运营架构。这两点对企业是否能够成功建设财务共享服务中心至关重要，也是财务共享服务中心架构规划的重中之重。

（一）共享模式

根据对现有企业实施财务共享服务中心项目的案例研究，结合学者们对财务共享服务中心的共享模式总结，现有的财务共享服务中心主要有四种共享模式，即基本模式、市场模式、高级市场模式、独立经营模式。这四种模式并不是孤立的，而是随着企业的发展和财务共享服务中心的成熟程度逐渐演进的。

1. 基本模式

基本模式是财务共享服务模式中以企业自身业务为服务对象的一种模式，这种运营模式通常处于财务共享服务中心发展的初期阶段，类似于企业集团中后台职能的集中处理，也是目前最为常见的财务共享服务模式，主要目的是帮助企业实现集中管控、降低成本以及提高效率等。在该模式下建立起的具有标准化流程的组织，会强制性地要求各分支机构将总账、应付账款、应收账款、固定资产等典型的财务工作托管交到集中机构处理。在职能划分上，财务共享服务的这一模式并没有分离企业的基础运营和企业对于财务的决策权。在这一模式的基础上，企业可以根据自己的实际情况进一步将基础模式进行细分。例如，在基础模式之上发展而来的区域模式，就是在一个限定的区域范围内建立起一个财务共享服务中心，中心会为区域内所有的服务对象提供服务，对于那些规模较大、在国外产业较多的企业最为适用；而产业模式就是以产业作为划分标准建立财务共享服务中心，在一些企业的运营中会涉及多个产业，存在业态并存的情况，对于这样的企业就可以围绕不同的产业来提供财务共享服务。

2. 市场模式

该运营模式是财务共享服务中心发展到一定阶段的产物，其分离了公司职能内部的基本运作权和决策权。财务共享服务中心成为相对独立的经营实体，有了基本运作权，这使机构更加灵活，只需执行总部规定的相关政策，并受总部的监管。集团内部分支机构的客户可以根据自己的意愿做出是否接受这些服务决定，不再被动接受托管性的服务，这种非托管式的服务有利于财务共享服务中心产生一定的危机意识。这时的 FSSC 不但要提供基础的业务服务，还要提供更专业的咨询服务，不断提升自身的服务质量，根据确定的服务流程与标准提供服务。市场模式中的财务共享服务中心有可能存在自身业务专业不达标而被顾客投诉甚至放弃的情况，市场模式中的顾客对于财务共享服务中心的要求也要明显高于基础模式。与此同时，财务共享服务中心开始通过服务收费抵偿成本。我国大多企业集团采用这种服务模式。

3. 高级市场模式

高级市场模式是在市场模式基础上进一步发展而来，最大的不同是引入了竞争，其核心目标是为客户提供比竞争对手更优的服务。西方很多大型集团所采取的财务共享服务模式就属于这种模式。高级市场模式对比基础模式和普通市场模式更为强劲，不仅能够充分地保障自身的成本效益，并且能够在提供财务服务的同时保障自身的信息安全。不过，对于集团而言，当财务共享服务中心不再被垄断之后，集团旗下的子公司也能够更加自主地选择其他服务中心，而并非只能选择集团自身的服务中心，服务中心之间会出现市场竞争。在这种竞争下，财务共享服务中心必须提高自己的财务服务能力，为客户提供性价比更高的服务，这对于财务共享服务整体质量的提升是有益的。目前这种运营模式的应用在我国不是很多，一般具有雄厚实力的大型企业集团才会采用这种运营模式。

4. 独立经营模式

财务共享服务的独立经营模式就是脱离了公司管理的独立经营实体，中心不再依附于一个集团，这是财务共享服务未来发展的最终模式。在独立经营模式中，中心需要更加专业的技能，市场对其所提供的服务质量会有更高的要求。在这一模式下，中心需要和其他具有专业能力的财务咨询机构竞争市场，需要依靠自身的服务能力和市场开发能力去抢占市场份额，根据市场情况确定收费标准自负盈亏，从而成为能够创造新价值的利润中心，具有完全的独立性。由于没有集团作为支撑和依靠，所以中心更加需要通过满足客户需求来获得收益，不断地开发新的客源。在独立经营模式下，具有这样经营能力的财务共享服务中心必然在整体服务质量上处于行业的领先位置，国外跨国企业或咨询公司一般应用这种类型的运营模式，而目前我国的市场中还鲜有这种模式的机构。

（二）运营架构

财务共享服务中心的运营架构包含战略、组织、流程、人员等多个方面的关键因素。对于管理人员来说，财务共享服务中心运营的架构是有层次的，因此，要构成完整的架构体系。

1. 战略架构

战略架构在整个模型中处于主导地位，主要包括财务共享服务中心的战略结构选择和财务共享服务中心的战略发展规划两个方面。在战略结构的选择上，根据为客户提供服务所覆盖领域的不同，财务共享服务的战略结构主要有三种：区域型财务共享服务、专业型财务共享服务和全球型财务共享服务。区域型财务共享服务是企业将其财务工作集中整合到一个或多个业务单元，较为充分地实现规模经济，降低企业的整体成本；专业型财务共享服务主要以单个或单类业务流程为标准，比如专门处理应付账款的财务共享服务中心、专门处理固定资产的财务共享服务中心，重点在于消除重复劳动、提供单一或单类流程服务；全球型财务共享服务是将企业在全球内可以集中的流程都通过一个统一的财务共享服务中心进行处理，需要有完全整合的系统，操作难度很大，一般企业很少采用这种模式。在战略发展规划上，随着企业财务工作从分散到集中，再到共享，最后到市场化为服务外包公司，财务共享服务中心大概经历了三个发展规划期，分别是企业内部的职能中心、虚拟经营中心和以获取利润为目的的独立的财务服务外包公司。

2. 组织架构

财务共享服务中心存在多种组织形式，好坏之分没有定论。财务共享服务中心的组织架构通常可以分为四个层级：决策层、管理层、执行层和支持层。决策层是财务共享服务中心的最高层级，通常由公司高层管理人员组成，负责制定财务共享服务中心的战略方向、目标设定以及重大决策。管理层负责具体执行决策层的决策，并对财务共享服务中心的日常运营进行管理。管理层通常包括财务共享服务中心的总经理、副总经理等职位，他们负责监督各个部门的工作，确保服务质量和效率。执行层是财务共享服务中心的核心层级，负责具体的业务处理和服务提供。执行层通常包括各个业务部门的主管、专员等职位，他们按照既定的流程和规范，处理各类财务业务，如报销审核、账务处理、资金管理等。支持层为财务共享服务中心提供必要的技术支持和后勤保障。支持层通常包括信息技术部门、人力资源部门、行政部门等，他们负责维护系统稳定、保障人员配置、提供行政支持等。在实际的组织架构中，各层级的职责和划分可能会根据企业的实际情况和需求进行调整。同时，随着财务共享服务中心的发展和成熟，组织架构也可能会进行相应的优化和调整。

3. 流程架构

财务共享服务涉及的流程主要是规范具体业务，即业务流程，从发生到入账、支付到凭证归档，整个过程形成一个链条，包括应收账款、应付账款、总账、固定资产、费用报销等具体内容。流程管理是一个持续改进的过程，一蹴而就的流程变革不能从根本上解决管理问题。当流程管理持续运作后，从流程定义开始，经历流程表述、流程分析、流程改进，最后到流程控制，形成一个可持续发展的循环。流程管理循环系统地针对财务共享服务中心进行流程管理提供了一个有效的方法和工具。流程定义是一个寻找关键流程的过程，即对财务共享服务中心的流程进行调研，分析其制约工作效率的瓶颈问题；流程表述即运用专业的工具和方法将流程问题进行阐释，通常采用绘制流程图和对流程进行语言表述的方式；流程分析的关键在于发现关键流程中有制约的问题点，并找到针对这些问题的解决方法；接下来有组织、有计划地进行流程改进，一个流程改进计划作为一个项目由专门负责人跟进，并对改进后项目进行跟踪监管；最后进行流程控制，流程优化后的一段时期需要加强对其运行效果监察和控制，以确保新方案的正常运行。

4. 人员架构

人员架构是财务共享服务中心运营的重要支撑，人员架构管理工作非常重要，其管理范畴包括：明确员工的岗位职责和在岗人员编制情况，对人员来源渠道、能力要求、员工绩效考核、职业发展等方面进行管理。具体来说，在人员招聘上，制定人才选、育、用、留的策略，持续性培养财务共享梯队人才；在人员规划上，根据财务共享业务发展的需要，对人员的数量、素质要求进行规划，为员工设置职业发展规划，打通人员发展通道；在人员管理上，清晰员工绩效管理，明确目标导向，对不同部门和各个岗位的员工进行持续性考核，达成财务共享工作阶段性目标。

四、财务共享服务中心岗位设置

财务共享服务中心岗位具有专业化、集中化的特点，既要专人专岗，也需要避免工作倦怠，还需要考虑会计岗位职业生涯发展。具体岗位的设置以及岗位之间的轮岗对财务共享服务中心的实际运行效果非常重要。

（一）岗位设置

财务共享服务中心以会计业务循环为主、各板块业务差异为辅进行内部组织架构设计，比如可以设置 6 大分组，分别为应付管理组、应收管理组、报销管理组、结算管理组、综合管理组、运营管理组。其中前 5 个组按照分工，对纳入财务共享服务中心的业务进行整理分类。综合管理组负责整体运行，故设置流程制度岗、培训管理岗、服务管理岗、绩效管理岗、质量管理岗、系统管理岗、内部核算岗、综合岗、稽核岗以及兼职档案岗，主要是为实现财务共享服务中心建立后的内部管理和持续优化。财务共享服务中心岗位设置如图 3-5 所示。

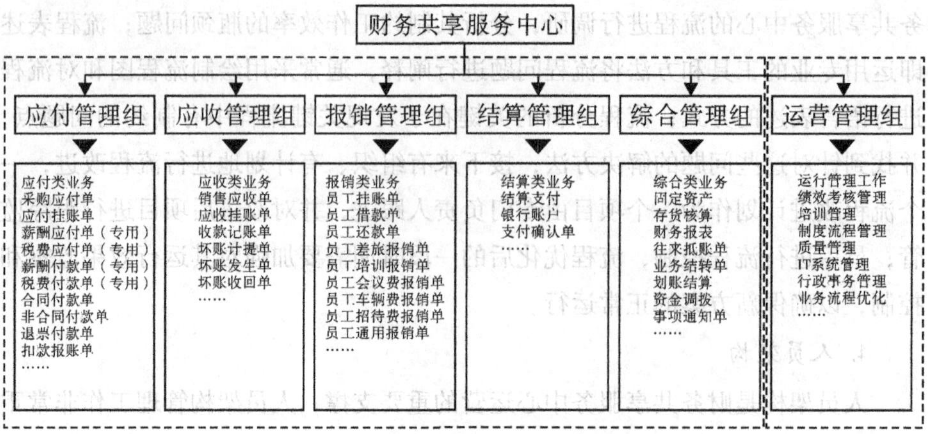

图 3－5 财务共享服务中心岗位设置

（二）轮岗制度

财务工作标准化、分组化在提高工作效率的同时，也使财务人员面临着业务处理单一，对本组之外的业务模式、处理方式不熟的困境。可根据财务共享服务中心各组的业务特点进行轮岗安排，提升财务人员全方位的业务能力，为企业培养全面的财务人员，保证财务共享服务中心的高效运转。

在轮岗周期上，根据实际情况可安排 3～6 个月为周期进行轮岗；在轮岗人员安排上，要详细安排轮岗的核算人员清单与管理人员清单；在轮岗工作安排上，要根据实际的情况按业务量平均派单，按业务核算单位的责任分配等；在业务培训辅导上，要包括对岗位工作，业务审核重点、工作处理模式和制度的培训。

第三节 财务共享服务中心流程设计

财务共享服务中心的流程设计是确保财务共享服务质量和效率的关键环节。业务流程再造的目的是促使企业能够进一步发掘自身潜力，最大化提升企业的效益。想到达到这个效果，就需要对企业原本不够合理的业务流程进行改革和优化。业务流程再造的本质是将企业的业务流程进行重整和再设计，重新设计后的业务流程会更加合理专业，也更能适应不断变化、竞争不断加剧的市场环境。

财务共享服务中心的流程设计需要综合考虑业务需求、标准化、优化、信息系统等多个方面，需要通过简化流程、减少冗余环节、提高自动化程度等方式，降低处理成本、提高处理速度。设计好的流程还需要根据实际情况进行持续优化和不断改进，以期给企业提供更好的服务。

一、费用报销业务流程

费用报销业务是财务共享服务中心的核心业务之一，主要涉及员工或公司内部提交的费用报销申请。这些申请通常包括发票、收据和其他相关单据，用于证明发生的费用。财务共享服务中心会对这些申请进行集中处理，确保报销流程的标准化和高效性。在费用报销业务中，财务共享服务中心会制定明确的流程规范。这些规范通常包括报销申请的提交方式、审批流程、所需文档、时间节点等。员工或公司内部需要按照这些规范提交报销申请，并确保提供的单据真实、完整、准确。

（一）报销业务流程图

报销业务可以视为类似采购活动的公务活动，并将员工视为供应商来理解整个流程，其与采购活动的不同之处在于报销业务以网上报账系统为中心，以管理层预算管理系统中的费用预算为基础，对员工的部分报销事项进行上限或标准的额度控制。报销活动可以大致分为两种：第一种是费用类、资金类的报销；第二种是随着采购、工程结算等业务发生的报销活动。费用报销业务流程如图 3－6 所示。

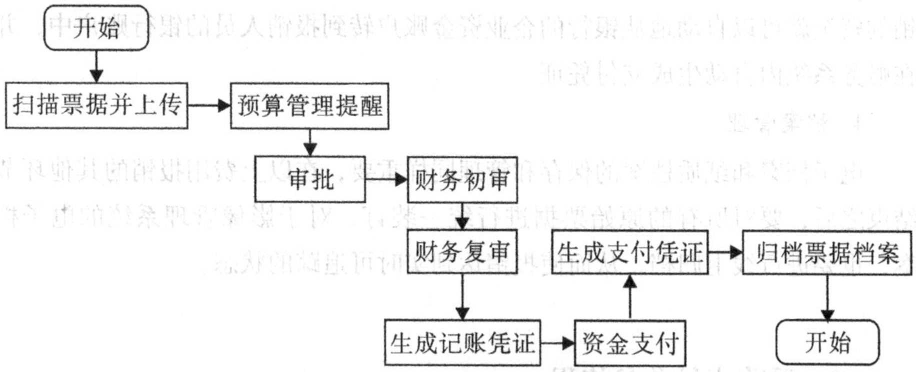

图 3－6 费用报销业务流程

（二）报销业务流程设计

1. 报销申请

财务共享服务中心的费用报销业务流程的第一步是报销人员提交报销申请。首先报销人员要在费用报销系统中选择项目类型，提交报销申请，然后再把报销申请单的电子版进行打印，并把原始报销凭证粘贴在申请单的后面，最后把它们一起提交给分子公司的业务领导进行审批。

2. 报销审批

公司在进行费用报销时，需要经过各级人员的层层审核，分别是分子公司业务领导、分子公司财务人员以及财务共享服务中心费用组人员。在业务领导审批通过之后，分子公司财务人员进行初审，初审把单据扫描传输至影像管理系统，并传递至财务共享服务中心。在整个审核过程中，分子公司业务单位主要审核单据是否真实、有效、准确，包括报销单据的填制准确性、发票真实性、报销业务是否属于报销范围等。之后由财务共享服务中心费用组人员进行二次审核，对报销单据的真实有效性和合规性进行检验，还需要对上传到系统的信息进行审查，确保此次报销申请符合公司规定，申请的各个环节均需按规定流程实施，相关材料均需完整正确。在相关员工审核通过之后，会流转到费用报销流程的下一个环节。

3. 报销结算

在财务共享服务中心费用组的财务复审通过之后，费用报销业务就进入结算流程，资金组人员对付款申请进行审核，通过之后，借助银企直连系统，报销的资金就可以自动地从银行的企业资金账户转到报销人员的银行账户中，并在财务系统内自动生成支付凭证。

4. 档案管理

电子档案和纸质档案的保存和管理同样重要，在以上费用报销的其他环节结束之后，要对所有的原始票据进行统一装订，对于影像管理系统的电子档案，也要进行线上归档，从而使报销达到实时可追踪的状态。

二、采购应付业务流程

采购应付业务是财务共享服务中心的重要业务之一，主要涉及企业采购活动的集中管理和应付账款的处理。财务共享服务中心通过对采购应付业务的集中处理提高采购效率、降低采购成本、优化供应商管理，并确保应付账款的准确性和合规性。

在采购方面，财务共享服务中心负责集中管理企业的采购活动。这包括采购策略的制定、供应商的选择与管理、采购订单的下达和跟踪等。通过集中采购，企业可以更好地控制采购成本、提高采购效率，并与供应商建立长期稳定的合作关系。在应付账款处理方面，财务共享服务中心负责处理与采购活动相关的应付账款，这包括发票的接收和验证、付款计划的制订和执行、应付账款的核算和记录等。通过集中处理应付账款，企业可以确保付款的准确性和合规性，避免出现延迟付款或错误付款的情况。

（一）采购与付款循环业务流程图

采购与付款循环以业务系统中的采购管理系统为起点，经过合同管理系统、发票管理系统等核算层系统，实现对采购全流程的管理和控制。采购活动业务流程如图 3－7 所示。

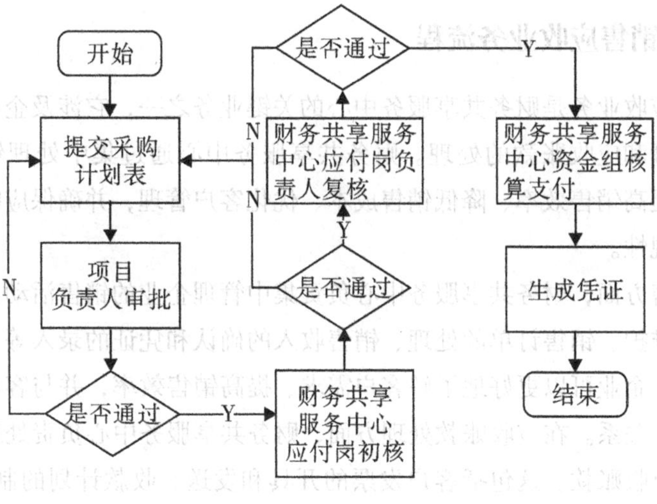

图 3－7　采购活动业务流程

（二）采购与付款循环业务流程设计

1. 根据采购计划提交付款申请

采购人员进行日常采购之前需要根据公司的实际库存和下一阶段的生产需求制订合理的采购计划，之后把采购计划提交给部门负责人进行审批。在审批通过之后，采购人员联系供应商，对采购的产品和服务的价格进行确定，随后确定采购订单和采购合同，把付款申请以及采购订单和合同通过影像系统扫描传递给财务共享服务中心，并等待应付组员工进行审核。

2. 财务共享服务中心审核

传输到财务共享服务中心的付款申请、采购合同、供应商发票信息等需要由负责应付业务的员工进行核查，审核该项业务是否经过项目负责人的审批，核对采购发票信息上的材料名称、单价、数量、金额、项目名称以及供应商信息等。审核没有问题之后，在财务系统中进行账务处理，之后传递给资金组进行后续处理。

3. 支付应付账款

财务共享服务中心中负责管理资金的员工在收到应付组员工的支付通知后，还会对相关业务的单据资料进行再次审核，如果审核过程中发现任何问题，就会将申请驳回到上一环节，并督促应付组修改后再次提交申请。在审核没有问题之后，把付款信息传输到开户行服务器，通过银企直连自动付款，收回银行回单后，及时和供应商取得联系，并通知其进行收款查询。

三、销售应收业务流程

销售应收业务是财务共享服务中心的关键业务之一，它涉及企业销售活动的集中管理和应收账款的处理。财务共享服务中心通过集中处理销售应收业务，旨在提高销售效率、降低销售成本、优化客户管理，并确保应收账款的准确性和合规性。

在销售方面，财务共享服务中心负责集中管理企业的销售活动。这包括客户数据的维护、销售订单的处理、销售收入的确认和凭证的录入等。通过集中销售管理，企业可以更好地了解客户需求、提高销售效率，并与客户建立长期稳定的合作关系。在应收账款处理方面，财务共享服务中心负责处理与销售活动相关的应收账款。这包括客户发票的开具和发送、收款计划的制订和执行、应收账款的核算和记录等。通过集中处理应收账款，企业可以确保收款的准确性和合规性，避免出现坏账或延迟收款的情况。

（一）销售与收款循环业务流程图

销售与收款循环类似采购与付款循环，以销售管理系统为起点，经过合同管理系统、发票管理系统等核算层系统，不同之处在于多了营收稽核系统的处理，目的是保证营收收进的及时性和完整性，防止截留、挪用等情况。销售活动业务流程如图 3－8 所示。

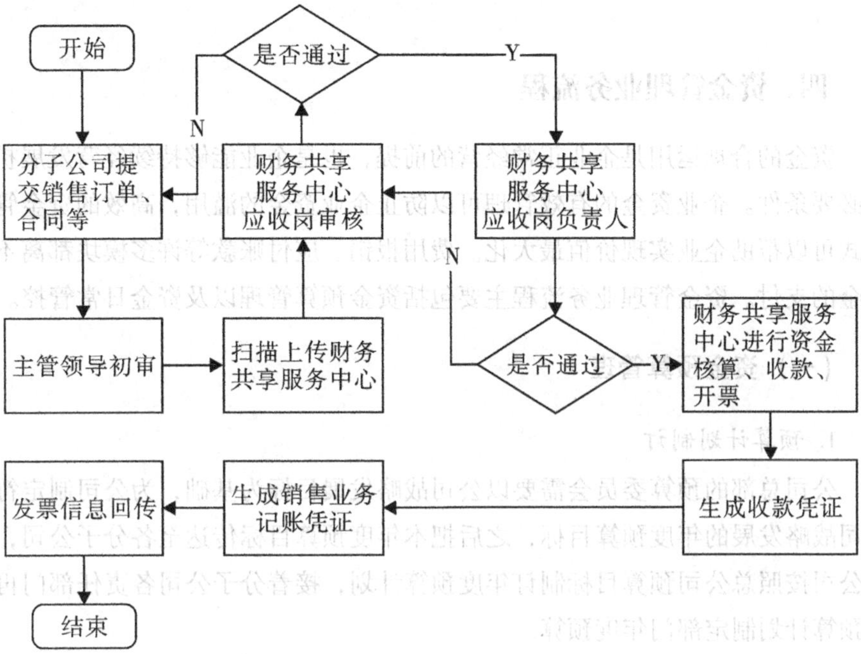

图 3-8 销售活动业务流程

（二）销售与收款循环业务流程设计

1. 业务人员提交订单合同

在分子公司的销售业务人员和客户签订相关合同之后，需要将订单合同等业务信息录入系统中，并在系统中申请材料审核，由主管领导进行审批，各类材料没有问题通过审批后，由销售人员将所有材料传输到财务共享服务中心等待审核。

2. 财务共享服务中心审核

财务共享服务中心应收组人员对材料进行初审，之后由应收组负责人进行复审，在这个过程中，最关键的是对订单合同相关资料进行真实有效性及合规性的审查。通过财务共享服务中心应收组的审核之后，将相关资料传递至财务服务共享中心资金组，对有关款项是否足额到账进行审查，在审查无误之后，自动生成收款凭证。

3. 开票及存档

在确保相关单据无误后，开票专员会开具发票，将电子版发票通过影像管理系统传输至销售专员，并将纸质发票寄给客户。

四、资金管理业务流程

资金的合理运用是企业正常经营的前提，也是企业能够持续经营发展扩张的必要条件。企业资金的有效管理可以防止企业资金的滥用，高效的资金管理模式可以帮助企业实现价值最大化。费用报销、应付账款等许多模块都离不开资金的支付。资金管理业务流程主要包括资金预算管理以及资金日常管控。

（一）资金预算管理

1. 预算计划制订

公司总部的预算委员会需要以公司战略发展目标为基础，为公司制定符合公司战略发展的年度预算目标，之后把本年度预算目标传达至各分子公司，分子公司按照总公司预算目标制订年度预算计划，接着分子公司各责任部门再按照预算计划制定部门年度预算。

2. 预算计算审核

分子公司各责任部门编制预算草案并进行汇总，先由本级预算管理委员会进行审核，接着上报财务共享中心审核，之后传递至公司总部预算管理委员会审核。在整个审核过程中，如果审核不通过，则将预算计划驳回，并返回重新修订预算草案，再重复审批步骤，直至审核通过。

3. 资金预算执行

公司总部正式下达通过层层审核的预算，各分子公司开始执行预算。

（二）资金日常管控

1. 资金的账户管理

银行账户包含公司基本户、监管户、保证金户、公司卡账户等类型，其分子公司可以根据自身需求确定开设账户的类型。分子公司在开立银行账户时需要向总部申请，由总部进行备案。

2. 收付管理

收款流程采用银企直连系统，回款直接进入该系统，待业务人员确认资金后，自动生成记账凭证。当需要付款时，分子公司需要提前向财务共享服务中心申请资金支付申请，由资金处进行审核，最后通过银企直连系统付款。

第四节 财务共享服务中心应用案例

财务共享服务中心特别适用于集团性的施工企业、物流企业、银行企业、服务企业、销售企业、通信服务企业等。这种模式的优势在于其规模效应下的成本降低、财务管理水平与效率提高，以及企业核心竞争力提升。通过信息技术的支持，财务业务的流程化和批量化处理，可以大大减少财务人员及中间管理层级，从而降低财务成本。

目前，财务共享服务中心已经得到了广泛的应用。世界500强企业中超过90%的企业以及超半数以上的跨国公司都正在建设或已经建成财务共享服务中心，平均降低了30%的财务运作成本。包括HP、埃森哲、GE、IBM等在内的跨国公司，以及中国移动、中国联通、中国平安、万科、中兴、万达、海尔、中铁建、苏宁等国内大型企业都已经探索并成立了财务共享服务中心。

一、华为集团财务共享服务中心

华为集团是一家综合的集生产销售、硬（软）件设备、服务和解决方案提供为一体的多元化通信科技集团，为全球各地的通信运营商以及专业的网络客户提供服务。随着全球业务的增加，自2006年起，华为集团为了加强集团公司的财务管控，在全球范围内开始建立财务共享服务中心，其选址是配合产业的布局来设置的，华为集团已陆续建立了七家区域财务共享中心，致力于更好地服务企业在全球的各大市场。其中国区的财务共享中心于2012年由深圳迁至成都。财务共享服务中心的建立为华为集团创建了一个全球标准化的财务核算管理平台，在财务管理上实现了制度、流程、编码和表格的“四个统一”，并具备在短时间内完成财务信息接收与结账的能力。华为集团财务共享服务中心的运作模式是市场模式，其特点体现在以下方面。

（一）管控关系方面

华为集团实行自上而下的管理层控制，但其集权不是独裁，而是在集权的基础上进行层层有序的分权，各区域财务共享服务中心的服务职能不仅包括基本的会计核算职能，还包括管理控制职能和战略规划职能。

（二）组织架构方面

华为集团的七个财务共享服务中心是平行的地位，分别负责不同地区的市场业务的财务，每个区域分中心设立专门的会计处理核算部，其运营管理部、流程管理部等作为其衍生的运营管理资源共同成为财务共享服务中心的一部分。

（三）流程管理方面

华为集团采用全球统一流程的策略，由于高度标准，带来了组织运作效率的大幅提升。对近 200 个国家和地区原则上采取同一套流程标准，推行全球统一流程（少数国家允许做本地化设计），其流程管理结构做到了一次设计、全领域共享。在后期财务共享服务中心运行中对流程架构只进行小范围的优化。每一个一级流程都是端到端设计，都是直指利益相关方价值创造需求的。在高阶流程架构设计中引入了最佳业务模型，如集成产品研发（IPD）、集成供应链（ISC）等，从流程体系上实现了整体优化。将战略所需的核心能力落实到流程设计中，让企业的业务流程体系成为一个目标一致、主次分明的整体。

（四）人员管理方面

由于华为集团开展的是全球化战略，对人才的需求比较高，其需要的不仅是基层业务处理人员、一般的管理人员，还是拥有大量的各种专业和技术方面的人才，这些人才将为财务共享服务提供业务支撑。

二、长虹集团财务共享服务中心

长虹集团成立于 1958 年，是一个多元化的跨国企业集团，其主要产业链包括军工产品制造、电子产品、核心器件研发与制造，现拥有四川长虹、合肥美菱、长虹佳华、华意压缩四家上市公司。长虹财务共享服务中心（CSSC）是由四川长虹电器股份有限公司发起成立的从事财务共享服务和流程外包的专业服务商。其总部设在四川绵阳，分中心分布在全国各大主要城市。从成立至今，除了处理组织内部的财务流程业务，长虹财务共享服务中心还对外部客户提供财务服务，现已承接 20 多家客户的业务流程外包。长虹财务共享服务中心的运作模式为高级市场模式，其特点体现在以下方面。

（一）管控关系方面

长虹集团对各分子公司相对分权，比较各产业子公司，长虹集团的角色定义为经营管理者，各区域财务共享服务中心相对独立，各自管理所在区域的分子公司，进行管理区域市场业务的会计核算、财务管理、战略决策等，重要事项上报总公司。

（二）组织结构方面

长虹共享服务中心是长虹集团下设立的专门处理会计业务的相对独立的单元，其战略管理的要求为“以财务为主线，以利润为核心”，这就决定了其共享中心是服务于组织内外的。

（三）业务流程方面

长虹集团在财务共享服务中心内树立并推行“业务驱动的价值管理”理念，各个财务共享服务中心均实现了业务流程的全覆盖。对内、对外都有统一的服务标准，对内标准化体现在流程梳理、操作手册拟制、交接管理等方面，对外标准化主要体现在对客户服务水平协议上，包括三方面：一是财务共享服务的受理方式与范畴的标准化；二是财务共享服务内容的范围与外延的标准化；三是业务流程、系统输入与输出内容的标准化。对外标准化在流程模块方面按照采购模块、销售模块、会计核算模块、资金结算模块和综合模块进行分类，并设计出 67 个标准化业务流程，其业务流程的设计中强调对各业务节点的细分与整合，以及对关键节点的风险揭示，清晰界定了各个岗位的职责，有效控制了业务流程的操作风险。

（四）人员管理方面

长虹集团财务部门对 50 多家分子公司的财务管理层和财务关键岗统一任命，对各岗位的财务人员集中管理，便于集团公司的统一调配；对财务共享服务中心基层员工进行人性化管理，设置岗位职责界定员工责权，并对员工进行业务指导，促进岗位轮换，设置绩效考核指标对员工工作定期进行评估。

（五）服务协议方面

长虹财务共享服务中心与各业务部门及市场客户建立的关系是一种合作关系，通过双方均认可的协议对责权进行界定，协议内容涵盖服务范围、各类业务处理时限、收费标准、违约责任等。现阶段长虹财务共享服务中心正在积极引进财务云，通过对云计算、移动互联、大数据等技术进行融合，将财务共享服务中心升级为财务云中心。高度集中、统一的企业财务云中心的建立，是在统一的信息化平台的技术支撑这一前提条件下，支持多个终端接入的模式，实现业务流程在整个集团内的协同应用，具体业务包括核算业务、报账业务、资金结算和信息决策等。

三、物美集团财务共享服务中心

物美集团是知名的连锁超市集团，1994 年成立于北京，目前在华北、华东及西北拥有许多一次性满足顾客购物需求的大卖场、提供全面服务社区的生活超市、便利商店和中高端百货公司等各类商店，是区域性的企业集团，在物美集团的股权结构中，物美控股集团一直是第一大股东。物美集团于 2006 年开始建立财务共享服务中心，经历长时间的调研和考察，投入大量资金，2007 年年底，其与世界一流的 ERP 管理系统 SAP 公司合作，搭建了一个集成零售、财务、物流的管理系统和信息系统，完善业务流程，快速实现企业并购的整合，发挥协同效应并提升了运营效率。物美集团财务共享服务中心的运作模式是市场模式，具体运营情况如下。

（一）管控关系方面

物美集团对旗下分公司比较集权，其财务共享服务中心处理基本的会计核算业务，而资金管理、战略决策等则在企业财务部进行。

（二）组织结构方面

根据对财务共享服务中心与集团总部财务部的关系，一般形成两种组织层级：一种是把财务部与财务共享服务中心并列设置，将财务共享服务中心定位为完全的会计职能中心，二者为协作互助的关系；另一种是基于管理和作业分离的原则，将财务共享服务中心定位为纯财务作业中心，财务部门作为财务共享服务中心的上级机构。物美集团的财务共享服务中心选择后一种作为其作业中心的方式，处理大量流程化的财务工作。

（三）系统方面

物美集团在系统上与 SAP 达成合作伙伴，资金中心通过和商业银行联网进行内部资金系统自动划拨；建立了数据中心报表网站，从而实现了数据报表和资源共享；在审核中心、核算中心和保险处理中心方面也做到了标准化的运作，实现了从非标准流程管理到标准化流程管理。原来分散的、层级众多的业务在纳入以 ERP 为核心的信息系统平台后，通过从端口到端口的设计，实现了组织内部数据报表和资源的共享，为各个分支机构迅速地上传数据提供了便利。

（四）人员方面

在财务共享服务中心建设过程中，物美集团周密安排需要调岗的人员，实现了平稳过渡。通过充分利用财务资源，企业财务人员从原来的算账角色逐渐转变成业务流程部门的财务人员，推动了员工素质的提升，并且为公司创造了更多的价值。人员精简和专业化的岗位分工促进集团经济发展，成效显著。

第四章　大数据时代下的智能会计核算应用

人机协同、人机交互、人机共生将是这个社会人类最基本的工作模式和生活方式。具体到会计领域，会计与人工智能（AI）的合作，衍生出了有别于传统会计的“智能会计”，而如火如荼的数字经济发展和数字企业建设又极大地推动了这种演化变革的进程。智能会计的提出，一是为了应对新一代信息技术对会计科学和会计工作的挑战；二是为了回应“会计消亡论”对现代会计发展的桎梏；三是试图从会计与技术相结合的角度，提出一种具有中国智慧、中国气派、中国作风，能够满足中国式现代化需求的智能会计学体系，赋能企业价值创造的路径，助力企业充分利用智能会计保障企业价值创造目标的实现。

在大数据时代，智能会计行业蓬勃发展。上海国家会计学院智能财务研究院自2020年起已经连续举办三届智能财务最佳实践评选活动，诸多企业在会计核算、资金结算、财务报告、管理会计等应用场景均已实现了局部智能化。

第一节　智能会计概述

智能会计是会计核算工作在企业各类管理信息系统以及大数据、人工智能、云计算、物联网、区块链等新技术的支持下，通过人类专家与智能机器共同完成财务管理工作的人机协同模式，更多地考虑“智能”在“会计核算”的各种应用场景中落地的可能性，主要体现在营运活动核算、商旅与费用报销、税务会计核算、资金会计核算、资产会计核算、报表与电子会计档案等会计核算场景的智能化应用。

一、智能会计的由来

会计作为商业和经济发展的重要组成部分，一直承担着记录、分析和报告企业财务状况的重要职责。人工智能、大数据、云计算等先进技术的出现和应用，为会计行业带来了新的机遇和挑战。这些技术不仅可以自动化执行许多传统的手动会计任务，还具有提供实时数据分析、预测未来财务状况等功能，从而大大提高了会计工作的效率和准确性。在这样的背景下，智能会计应运而生。它将现代信息技术和会计专业知识相结合，通过应用人工智能技术，实现会计核算、分析、预测等流程的智能化。智能会计的由来是会计行业发展和信息技术进步的必然结果，智能会计的出现不仅提高了会计工作的效率和质量，还推动了会计行业的创新和发展。

（一）智能会计的概念

智能会计是一种利用人工智能技术，通过数据挖掘、自然语言处理和机器学习等技术手段，实现企业财务数据处理和分析的自动化、智能化和高效化的新型会计模式。它旨在通过应用现代信息技术，优化和升级传统会计工作，提高企业财务管理的效率和准确性，帮助企业预防和管理风险，同时也为企业提供了更加科学的决策依据。

智能会计本质上是一个链接数字企业价值重构、价值共创与价值共生的数字记录和数字运用技术装置系统，也是一个由规则（会计规则）和数据（业务数据）共同驱动的计算智能体，具有大数据、大算力和大模型等技术特征。智能会计可以自动化许多会计流程，例如记录、计算、报告和合并财务报表，实时分析财务数据，自动化税务申报，甚至预测未来的财务状况。这种方法不仅可以大大减少人工干预的需要，提高会计工作的效率和准确性，还可以将人力从繁杂的工作中解脱出来，让企业能够更好地集中精力和资源，优化财务管理和业务流程。

（二）智能会计的发展历程

智能会计的发展历程可以追溯到会计行业的信息化进程。在信息技术发展的推动下，会计行业经历了从手工会计到电算化会计，再到信息化会计的转变。随着企业规模的扩大和业务的复杂化、人工智能技术的高速发展，传统信息化会计已经无法满足企业对于财务管理更高层次的需求。

1. 初级阶段

在这个阶段，人工智能技术开始被引入会计工作中，主要用于执行一些简单的会计任务，如凭证录入、账簿登记等。这个阶段的智能会计主要是规则的自动化，缺乏智能化决策和分析的能力。

2. 发展阶段

在这个阶段，人工智能技术进一步发展，开始应用于财务数据分析、预测和决策支持等方面。通过利用大数据、机器学习等技术手段，智能会计可以实现对企业财务状况的实时监测和分析，为企业提供更加准确和及时的财务信息。

3. 成熟阶段

在这个阶段，智能会计已经实现了全面的智能化和自动化，可以自主完成会计核算、分析、预测等全流程工作。同时，智能会计也开始与企业的其他管理系统进行集成，实现财务和业务的一体化管理。

二、智能会计的特点

智能会计与以往所谓的“手工会计”“电算会计”“信息会计”相比，已完全不可同日而语，它除了依然保留着会计思维、会计概念和会计规则，在会计循环、会计业务、会计程序、会计方法、会计手段、会计工作和会计伦理等诸多理论与实务方面，都已发生了根本性甚至是颠覆式变化，具备了不同于传统会计的数字化、自动化和智能化特质，成为一个会计与技术全面深度交叉融合的新生事物。

（一）自动化和智能化

智能会计通过集成和应用人工智能技术，如机器学习、自然语言处理等，实现了会计流程的自动化和智能化。这包括自动化处理大量财务数据、自动生成财务报告和分析、实时监控财务状况等，大大提高了会计工作的效率和准确性。

（二）数据驱动决策

智能会计的核心在于利用大数据和数据分析技术，为企业提供决策支持。通过对历史数据的挖掘和分析，智能会计可以预测未来的财务状况和市场趋势，帮助企业做出更加科学和合理的商业决策。

（三）实时性和动态性

智能会计能够实现实时数据处理和监测，使企业能够及时了解财务状况并做出相应调整。同时，智能会计还能够根据市场变化和企业需求进行动态调整与优化，与业务发展保持同步。

（四）集成性和协同性

智能会计可以与其他管理系统进行集成，实现财务和业务的一体化管理。通过与其他系统的协同工作，智能会计可以更好地服务于企业的整体战略目标，提高企业的运营效率和竞争力。

（五）同步性和高效性

在智能会计中，网络化会计核算体系可以实现会计核算和企业经营发展各项业务之间的连通，实现和外界市场的连通，从而便于同步协调和处理。企业的财务信息需要放置到互联网上，实现远程查账、远程监控、远程核算等。这样，不仅财务的管理者能够实时监控企业的财务信息，财政部门、税务部门也能够通过互联网实时监控企业的财务状况，避免逃税、漏税等现象的发生。智能会计利用计算机技术和算法，可以快速处理大量数据，缩短财务分析的时间，提高工作效率。

三、智能会计的价值

智能会计旨在对财务流程进行智能化覆盖。相对于传统会计而言，智能会计的发展方向不再像传统会计那样局限，智能会计不仅要担负起会计核算和会计监督的传统职责，更多的是要运用大数据、云计算和互联网，实现财务共享，对未来的财务发展做出专业理性的预测与评估。

（一）提升会计信息化的价值

1. 提升会计信息的可靠性

会计信息的可靠性是指要求企业应当以实际发生的交易或事项为依据进行确认、计量和报告，如实反映符合确认和计量要求的各项会计要素及其他相关信息，保证会计信息内容完整、真实可靠。会计信息可靠性是会计信息质量的核心，如果说质量是会计信息的生命，那么可靠性则是会计信息的生命之魂。随着 AI 的逐步应用，智能审核、智能记账等技术在财务领域的发展，很多财务处理的工作可以通过技术和系统自动实现，财务人员可以通过简单的操作轻松处理大量的账务工作，财务人员的工作能够从基础的信息录入、审核等转变为更有价值的财务分析和风险控制。一方面，智能会计核算能够极大地减少财务领域的人为失误，提高财务工作的准确性。另一方面，智能会计核算能够大幅度降低人为差错率，即便在前期会计信息录入环节出现失误，智能系统也会进行实时提示或预警，以帮助财务人员及时更正错误。

2. 提升会计信息的相关性

会计信息的相关性是指企业所提供的会计信息应与财务会计报告使用者的经济决策有关。在收集、记录、处理和提供会计信息的过程中，应充分考虑会计信息使用者决策的需要，这有助于财务会计报告使用者对企业过去、现在或未来的情况作出评价或预测。会计信息是否有用、是否具有价值，关键是看其与使用者的决策需要是否相关，以及是否有助于决策或者提高决策水平。企业数字化转型通过人工智能、区块链、云计算、大数据等使企业在采购、生产、销售等环节实现数字管理，数字技术的嵌入使企业会计信息生成与传递变得更为及时、连续和完整，提升了内部信息透明度，克服了传统管理模式下的信息传递壁垒，提高了信息传递质量。及时准确的会计信息有助于信息使用者做出更好的决策，进而提高会计信息的相关性价值。

（二）为企业财务决策奠定基础

智能会计为企业财务决策奠定基础。智能会计通过使用区块链、大数据、云计算等信息技术手段，使企业经营管理活动日趋透明化、数字化、信息化，交易业务活动与财会核算活动在信息技术支撑下同步更新，其真实性得到相互印证。业务活动和财会活动实现相互融合，能够真实、全面、完整、实时地记录经济活动，完成业务流、财务流、信息流“三流合一”。在大数据时代，企业的经营决策、财务决策将越来越依赖数据，数据甚至成为企业的一项资产，而基于业务数据的财务数据来自智能会计核算系统，财务管理决策所需要的数据无论是在数量上还是在质量上，与经济管理决策相比，都相形见绌，智能会计核算将经济活动的过程和结果数据化，对这些数据的分析和利用将为财务决策乃至企业经营管理决策奠定基础。

（三）为企业数字化转型奠定基础

智能会计是企业数字化转型的重要组成部分。在数字化转型的过程中，企业需要实现各个业务领域的数字化，包括财务管理领域。智能会计作为财务管理的创新模式，通过应用人工智能技术，实现会计流程的自动化和智能化，提高了财务工作的效率和准确性。智能会计为企业数字化转型提供了有力的支持。智能会计通过自动化处理和分析财务数据，为企业提供准确、及时的财务信息，帮助企业优化决策过程、提高风险管理水平、促进业财融合等。这些功能为企业的数字化转型提供了重要的数据基础和决策支持，推动了企业在数字化转型过程中的创新和发展。

四、智能会计的风险

智能会计的风险包括信息安全风险、技术依赖风险、数据质量风险、法律法规与人才风险。为了降低这些风险，企业需要采取适当的措施，例如加强技术防范、提高员工素质、完善数据保护和加强规章制度等。同时，也需要不断关注智能会计的发展动态，以便及时调整和优化企业的财务管理策略。

（一）信息安全风险

智能会计依赖于先进的信息技术和人工智能技术，因此存在信息安全风险。智能会计系统以电子形式保存会计主体的财务数据，虽然具有信息存储容量大、查找方便等优点，但是也容易遇到黑客通过网络攻击等手段窃取或篡改财务数据，导致企业的财务信息泄漏或被恶意破坏。此外，数据在传输和存储过程中也可能面临被窃取、篡改或丢失的风险。

（二）技术依赖风险

过度依赖智能会计技术可能导致一些潜在问题。例如，技术的不成熟、技术创新或技术实施不当等因素可能导致关键财务数据泄露、丢失、被篡改或操作失误等问题。如果系统出现故障或技术问题，会计从业人员可能无法及时获取准确的财务数据，影响企业的正常运营和决策。此外，过度依赖技术也可能使会计从业人员丧失自主性，产生技术至上的想法，影响其职业发展和判断能力。

（三）数据质量风险

智能会计的应用依赖于大量的财务数据。如果数据质量不高或存在错误，智能会计系统的分析结果可能不准确，导致企业做出错误的决策。此外，如果数据被篡改或伪造，智能会计系统可能无法发现，从而给企业带来更大的风险。

（四）法律法规与人才风险

随着智能会计的发展，相关的法律法规可能无法及时跟上，导致一些行为在法律上处于灰色地带。这可能会给企业带来合规风险，例如因违反法律法规而受到处罚或面临法律纠纷。智能会计的引入可能导致传统会计岗位的减少，从而造成大量财会从业人员的失业。这可能会降低人们对会计专业的热情，影响会计行业的可持续发展。同时，企业也可能面临人才短缺的问题，因为现有的会计从业人员可能不具备智能会计所需的技术和知识。

第二节　商旅与费用报销的智能会计核算

随着移动互联网、云计算、大数据、人工智能、物联网等技术的日趋成熟，企业开始寻求更高效、更智能的财务管理方式。特别是大型企业，在财务数智化转型的过程中，商旅、费控、支付等财务领域云服务的需求增长迅速，成为全员财务服务的第一入口。

企业经营理念的升级是智能商旅平台和费控系统产生的重要推动因素。企业开始认识到商旅、财税、费控等不仅是一种工具，更是一种管理理念、业务理解、深度服务、资源与生态的体现。因此，他们需要一种能够提供更全面、更智能、更高效的商旅和费控解决方案，以满足不断变化的业务需求和市场环境。

一、商旅业务智能会计核算

智能商旅平台是一种利用先进技术手段，如人工智能、大数据、云计算等，为企业提供全方位、一站式的商旅管理和服务解决方案的平台。该平台可以协助企业对差旅活动进行整体规划、全面执行监控、优化差旅管理流程与制度、整合采购资源，从而在不影响业务开展和出行体验的前提下，降低差旅成本并提高出行效率。新一代 ICT 技术的融合，如云计算、人工智能、数据分析、RPA、低代码开发平台等数字化新技术，为智能商旅平台提供了强大的技术支持，使得商旅服务的底座更快、更稳、更安全，从而提高了企业的运营效率和财务管理能力。

（一）商旅平台的概述

1. 商旅平台的发展历程

智能商旅平台的发展是一个不断演进的过程。随着技术的不断发展和企业需求的不断变化，智能商旅平台不断完善和优化，为企业提供更加智能、高效、全面的商旅服务。与此同时，与商旅平台的发展相对应的商旅平台业务核算的发展历程可以大致划分为以下几个阶段：

（1）手工核算阶段。在智能商旅平台发展的初期，业务核算主要依赖于手工操作。这个阶段的特点是效率低下、容易出错，且难以进行大规模的数据处理和分析。企业可能需要雇佣大量的财务人员来进行手工记账和核算，工作量大且容易出错。

（2）信息化核算阶段。随着信息技术的发展，智能商旅平台开始引入信息化核算系统。这个阶段的特点是实现了业务核算的自动化和数字化，大大提高了核算的效率和准确性。企业可以通过信息系统进行自动化的数据录入、处理和分析，减少了人工操作的错误和疏漏。

（3）智能化核算阶段。在信息化核算的基础上，智能商旅平台进一步引入了智能化核算技术。这个阶段的特点是实现了业务核算的智能化和自动化，智能系统可以自动进行数据的分析、预测和决策。通过人工智能技术，企业可以更加精准地进行业务核算，提高核算的效率和准确性，同时还可以获得更深入的业务分析和决策支持。

（4）数字化财务管理阶段。随着数字化技术的发展，智能商旅平台开始实现数字化财务管理。这个阶段的特点是实现了业务核算与财务管理的全面整合，企业可以通过数字化手段进行更加高效、精准的财务管理。数字化财务管理不仅提高了核算的效率和准确性，还可以帮助企业更好地进行资源配置、风险控制和价值创造。

2. 商旅平台的主要功能

（1）预算管控。提供预算设置和查询功能，帮助企业在差旅活动开始前进行预算规划和控制。

（2）申请与审批。支持员工在线提交差旅申请，领导可以在线审批，实现审批流程的自动化和高效化。

（3）预订服务。整合机票、酒店、火车票等预订服务资源，提供一站式预订功能，简化员工的预订流程。

（4）行程管理。提供行程管理功能，包括行程查看、修改、取消等，方便员工随时掌握自己的行程信息。

（5）费用报销。通过线上报销功能，员工无须填写发票信息，实现无感报销，提高报销效率。

（6）数据分析。收集并分析企业差旅数据，提供差旅消费概况、数据对比和专业指标分析等功能，帮助企业优化差旅管理方案。

（二）商旅平台业务关键环节

企业智能商旅平台的功能主要是企业在专业商旅平台的协助下对差旅活动进行整体规划，并执行全面监控，优化差旅管理流程与政策、整体采购资源，从而在不影响业务开展和出行体验的前提下，降低差旅成本并提高出行效率。商旅平台颠覆了传统报销的模式，集费用管控、出差申请、差旅预订、企业采购、票据采集、报销审批、审核支付、记账凭证、费用分析及系统集成等功能于一体，围绕企业报销环节实现全流程费用管理。也就是说，商旅平台全方位解决了企业费用报销与管控的痛点，帮助企业全面规范报销管理、提升报销效率、加强费用管控及实现系统连接。企业智能商旅平台业务核算的功能主要是实现对企业商旅活动的全面、准确、高效的财务管理和费用控制。智能商旅平台会计核算的主要流程有以下几个方面。

1. 费用跟踪与记录

智能商旅平台能够实时跟踪和记录企业在商旅活动中产生的各项费用，包括机票、酒店、餐饮、交通等费用。通过与供应商的系统对接，平台可以自动获取费用数据，确保数据的准确性和实时性。

2. 预算管理与控制

平台支持设定差旅预算，并根据员工的出差申请和预订信息进行预算控制。在员工预订或产生费用时，平台会进行预算检查，确保费用不超出预算范围。如果费用超出预算，平台会发出预警或阻止预订，以便企业及时调整预算或进行审批。

3. 费用分摊与归类

平台能够根据企业的财务规定和核算要求，对商旅费用进行自动分摊和归类。例如，可以根据部门、项目、员工等维度对费用进行分摊，并归类到不同的会计科目中。这有助于企业更准确地了解各部门或项目的成本情况，为决策提供有力支持。

4. 报销处理与审批

员工出差后，可以在平台上提交报销申请，并上传相关票据和报销材料。平台会自动对报销申请进行核对和审批，确保报销金额的准确性。审批通过后，平台会生成报销凭证，并自动更新企业的财务账目。

5. 数据分析与报告

平台可以对商旅费用数据进行深入分析，生成各类报告和图表，帮助企业了解商旅成本结构、预算执行情况等。通过数据分析，企业可以发现成本节约的潜力，优化商旅策略，提高费用管理效率。

6. 合规性检查与风险控制

平台会对商旅活动进行合规性检查，确保企业的商旅活动符合相关法律法规和政策要求。同时，平台还可以对商旅费用进行风险控制，及时发现异常费用或违规行为，防止财务损失。

（三）商旅平台的智能会计核算

智能商旅平台的最大特征是它提供了一站式、全流程的服务。这包括预算、申请、预订、支付和报销等各个环节，可以一次性搞定机票、火车票、酒店等预订工作。用户只需通过 PC 或移动端一键登录，即可进行全流程在线操作。在技术层面，智能商旅平台拥有先进的技术底座，融合了云计算、大数据、物联网、移动互联、区块链等新一代 ICT 技术。这些技术使平台具有高度的灵活性和开放性，能够实现预算管控、费用报销及商旅服务的线上自动化管理。同时，智能商旅平台还支持智能报销、智能审批、快速结算等功能，差旅补助最快可实现 20 分钟到账，大大提高了企业商旅业务的效率。

1. 自动化流程管理

通过自动化技术，实现商旅申请、审批、预订、报销等流程的自动化处理，减少人工操作，提高处理效率。

2. 智能化预算管控

通过人工智能技术，实现预算的智能化管理和控制，能够根据历史数据和业务规则，自动进行预算分配和预警，帮助企业更好地控制差旅成本。

3. 智能化行程管理

通过大数据和人工智能技术，实现行程的智能化管理，能够根据员工的出行需求和偏好，智能推荐最优的行程方案，提高出行效率。

4. 智能化费用报销

通过图像识别和自然语言处理等技术，实现发票信息的自动识别和提取，减少员工填写发票信息的时间，提高报销效率。

5. 智能化数据分析

通过收集和分析企业差旅数据，提供差旅消费概况、数据对比和专业指标分析等功能，帮助企业了解差旅费用的构成和变化趋势，为企业的决策提供支持和依据。

二、费用报销智能会计核算

费用报销是企业或组织在处理员工因公务产生的各项费用时的一个关键流程，费用报销也是企业日常运营中财务管理的重要组成部分。这个过程涉及员工提交费用报销申请、相关人员进行审批、财务部门进行核对和支付等多个环节。费用报销通常涵盖多种类型的费用，如差旅费、餐饮费、交通费、通信费等，不同企业或组织可能根据业务需要和财务管理规定，设定不同的报销标准和范围。通过规范的费用报销流程，企业可以加强对成本费用的管理和控制，防止财务漏洞和不当支出。随着技术的发展，未来的费用报销可能会更加智能化和自动化，如利用人工智能技术进行自动审批、智能分类和归档等。

（一）费用报销的概述

1. 费用报销的发展历程

费用报销核算系统的发展历程是一个不断追求效率、准确性和智能化的过程。随着技术的不断进步和应用，相信未来的费用报销核算系统会更加智能、高效、便捷。费用报销核算系统的发展历程可以分为以下几个阶段。

（1）传统手工报销阶段。在这个阶段，企业的报销流程主要依赖于纸质单据和手工操作。员工需要填写烦琐的报销申请单和报销单，然后将纸质单据提交给财务部门进行审核和核算。这种报销方式效率低下，容易出错，且难以进行数据分析和管理。

（2）线上报销阶段。随着互联网技术的发展，线上报销系统逐渐兴起。员工可以通过电脑或手机等终端设备在线提交报销申请和报销单，财务部门也可以在线进行审核和核算。这种报销方式提高了效率，减少了出错率，并使得数据分析和管理变得更加容易。

（3）智能报销核算阶段。近年来，随着人工智能、大数据等技术的快速发展，智能费用报销核算系统应运而生。这一系统可以利用 OCR（光学字符）识别技术自动抓取发票信息，通过 AI 技术自动校验发票的真伪、是否过期等，实现报销流程的自动化和智能化。同时，智能费用报销核算系统还可以与企业的财务系统、预算管理系统等无缝对接，实现数据的实时共享和分析，为企业的决策提供更为准确和及时的数据支持。

2. 智能费用报销核算系统的主要功能

（1）费用申请。员工可以通过系统在线提交费用申请，并上传相关的支持文件，如发票、合同等。

（2）审批流程。系统可以设置多级审批流程，根据企业的规模和组织结构，灵活配置不同的审批角色和权限。审批人员可以根据系统提供的费用明细和支持文件进行审批，提高审批效率。

（3）费用核对。系统能够自动进行费用核对，例如检查费用是否超过预算、费用项目是否合规等。根据预设的规则，系统可以对费用进行自动审核，减少错误和造假风险。

（4）报销记录管理。系统可以记录和管理所有的报销记录，包括费用明细、支持文件和审批记录等。员工和管理人员可以随时查看报销记录，方便核对和查询。

（5）财务结算。系统可以进行财务结算，将审批通过的费用报销记录转化为财务凭证，方便财务人员进行后续的结算和报表分析。

（6）报表生成。系统可以生成费用统计和报表，帮助企业高效地管理财务数据，并为企业决策提供数据支持。

（二）费用报销的关键环节

企业费用报销系统流程需要报账系统完成前端智能采集，通过数字化平台，根据预设的审批权限和规则，自动推送报账单给相关业务领导审批，并在后端进行会计核算和资金核算，完成相应的入账和付款。而员工只需要在搭建的报销系统中根据单据类型进行报销填单，领导便能在审批环节完成审批，报销的付款将会自动转入员工账户，实现“无纸化报销—无见面审批—无接触审核—电子化档案”的全流程线上费用报销。企业费用报销系统的具体流程一般包括以下几个步骤。

1. 费用申请和审批

员工在系统上提交费用报销申请，并填写相关的费用信息，如费用类型、金额、时间等。申请提交后，系统会根据企业设定的审批流程，自动转发给相关审批人员进行审批。审批人员可以在线查看申请详情，并进行审批操作。

2. 发票归集和验真

如果是对私报销，员工可以将发票等原始凭证通过系统上传，并进行归集。系统会自动对发票进行验真，确保发票的真实性和合规性。对于电子发票，系统可以直接从邮箱、支付宝、微信等渠道导入，无须下载和打印。对于纸质发票，系统支持 OCR 识别，员工只需用手机拍照并上传，系统会自动识别并提取票面信息。

3. 费用核算和账务处理

系统根据预设的核算规则和账务处理流程，自动对审核通过的报销单据进行核算和账务处理。这包括费用的归集、分摊、计提、结转等操作，以及生成相应的会计凭证和账簿记录。系统会自动完成复杂的计算和核对工作，大大提高了工作效率和准确性。

4. 报销款项支付

经过审批和核算后，报销款项会支付给员工。系统支持多种支付方式，如银行转账、支付宝、微信等，方便快捷。

5. 数据分析与报表生成

系统可以对报销数据进行多维度分析和挖掘，帮助企业了解费用构成、变化趋势和异常情况。同时，系统还可以生成各类报表和统计数据，为企业的决策和管理提供有力支持。

（三）费用报销的智能会计核算

企业费用报销系统分为员工端、领导端和财务端三大端口，以在线智能采集、共享核心系统、会计核算系统和资金管理系统搭建企业费用报销平台，达到高效完成财务业务处理的目的。

1. 智能采集与识别

通过 OCR 等技术，智能费用报销核算系统能够自动采集和识别发票、行程单等报销凭证上的信息，如发票号码、开票日期、金额等，在员工提交报销申请时，智能费用报销核算系统可以通过 OCR 技术自动识别和提取发票、收据等凭证上的关键信息，如金额、日期、供应商等，并将这些信息自动填入报销单中。这不仅大大提高了数据输入的准确性和效率，还减少了人工录入错误的可能性。

2. 智能填报与审批

员工可以通过系统的智能填报功能，快速完成报销单的填写。系统会根据员工输入的信息自动生成报销单据，并自动进行初步审批。同时，系统还支持多级审批流程，可以根据企业的实际需求灵活配置。

3. 智能核算与审核

系统能够自动对报销费用进行核算和审核，根据预设的规则和标准，对费用进行自动判断和流程控制。系统可以根据预设的规则和算法，自动验证报销申请的合规性和真实性。例如，系统可以自动检查报销费用是否符合预算、是否超出限额，发票是否真实有效，以及申请是否包含必要的审批流程等。如果发现问题，系统会及时向相关人员发送预警通知，帮助企业及时进行调整和处理。这种智能验证和审核功能大大减轻了财务人员的工作负担，提高了审核效率和准确性。

4. 智能分析与预警

通过智能费用报销核算系统，企业可以实时监控和分析员工的报销行为。通过对报销数据的深入分析和挖掘，系统可以生成各种报表和图表，为企业提供有价值的信息和建议。例如，系统可以分析各部门的费用支出情况、员工报销行为等，帮助企业优化费用结构、提高报销效率。同时，系统还可以对异常费用进行实时监测和预警，帮助企业发现异常费用、识别潜在风险，帮助企业及时发现并解决问题。这种实时费用监控功能有助于企业更好地控制成本、防范风险。

5. 智能归档与查询

所有报销单据和凭证都会被系统自动归档和保存，方便企业随时查询和核对。同时，系统还支持多种查询方式，如按日期、部门、员工等进行查询，方便企业快速找到需要的报销信息。

6. 自动化流程管理

智能费用报销核算系统可以自动化管理报销流程，包括申请、审批、支付等环节。系统可以根据员工的报销申请自动生成审批流程，并实时跟踪流程状态。这种自动化流程管理功能提高了报销流程的透明度和效率，减少了人为干预和延误。

7. 智能推荐与预测

基于大数据和人工智能技术，智能费用报销核算系统还可以根据历史数据和员工行为模式，智能推荐合适的报销方案和预算计划。同时，系统还可以预测未来的费用趋势和潜在风险，为企业决策提供有力支持。

第三节 运营活动的智能会计核算

企业运营活动是企业经营的主体，也是会计核算的主要对象，主要包括采购活动、销售活动、库存管理、资金管理、往来管理等。企业运营活动的智能会计核算通过利用先进的技术手段，实现了对企业运营活动的自动化、实时化和精准化核算，大大提高了企业的财务管理效率和准确性，为企业决策提供了更加全面、准确和及时的数据支持。

一、采购与应付业务

采购与应付业务是企业为满足生产或经营需要而购买物资、设备、服务等资源的过程。这一过程涉及多个环节，包括需求确认、供应商筛选、谈判、签订合同、物流运输、验收、付款等。采购业务的主要目的是获得所需的物品或服务，以确保企业生产及经营活动的正常开展。

（一）采购与应付业务概述

采购业务是企业生产经营的起点，既是企业的“实物流”的重要组成部分，又与“资金流”密切关联。一个完整的采购流程包括：确定采购物品的种类、数量、质量和价格等要求，寻找并筛选合适的供应商，与供应商进行谈判并签订合同，按照合同要求向供应商发出采购订单，监控采购进程并确保物品按时交付，对采购物品进行质量检查和验收，最后按照合同条件进行结算和记录。采购业务流程如图 4－1 所示。

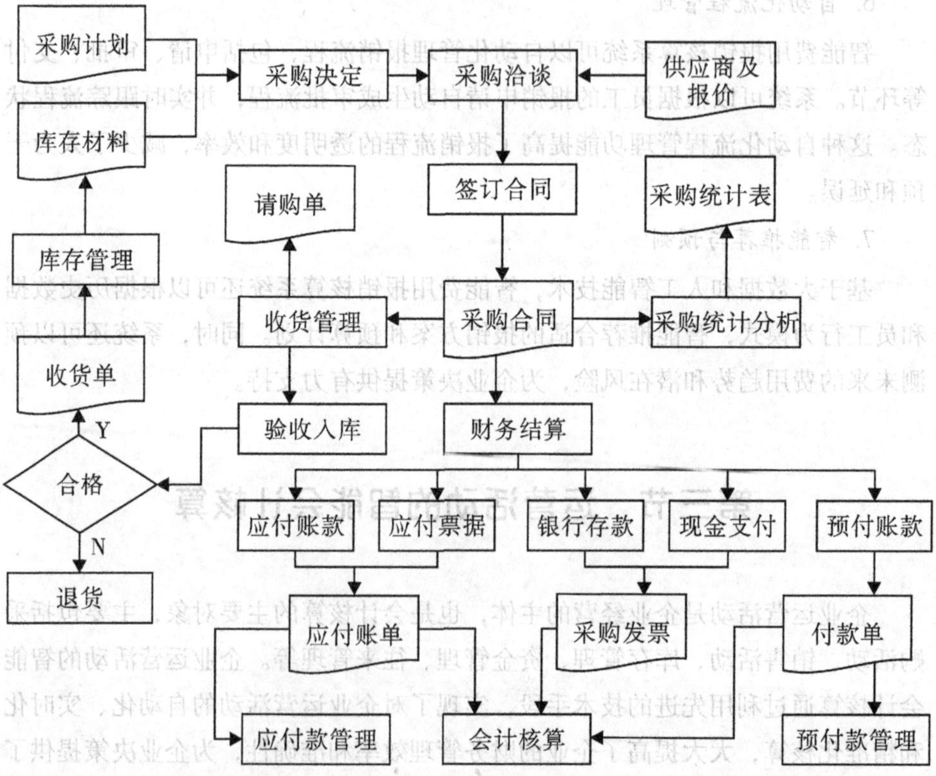

图 4－1　采购业务流程

目前，在传统会计信息核算系统下，会计从业人员只须审核采购单据、编制记账凭证即可，记账凭证上传后系统自动过账，并登记相应的明细分类账及总分类账。会计期间终了，系统自动进行试算平衡、对账及结账，自动生成相应的会计报表。

（二）采购与应付业务关键环节

1. 确认采购交易信息与凭证信息的对应关系

在采购交易业务中，存在诸多的交易原始信息，归纳起来，主要有以下50项原始信息，而采购记账凭证需要记载的信息主要有以下25项，见表4-1。

表4-1 交易活动的原始信息

序号	交易原始信息	序号	交易原始信息	序号	凭证信息
1	合同编号	26	税种	1	日期
2	公证编号	27	税率	2	凭证类别
3	发票编号	28	税金	3	凭证编号
4	交易类型	29	总金额	4	对方单位
5	甲方企业名称	30	折扣比例	5	结算方式
6	甲方企业编码	31	折扣金额	6	支票号码
7	乙方企业名称	32	交货地点	7	收付科目号
8	乙方企业编码	33	交货方式	8	收付科目名
9	甲方开户银行	34	运输费用	9	科目编号
10	甲方银行账号	35	交易时间	10	科目名称
11	乙方开户银行	36	交易地点	11	明细科目
12	乙方银行账号	37	甲方企业地址	12	摘要
13	支票、汇票号	38	甲方代表人	13	借方金额
14	交易物品名称	39	甲方电话	14	贷方金额
15	物品规格	40	甲方手机	15	借贷
16	物品型号	41	甲方传真	16	附件张数
17	物品质量标准	42	甲方 E-mail	17	财务主管
18	物品单价	43	乙方企业地址	18	记账员
19	交易数量	44	乙方代表人	19	出纳员
20	货款金额	45	乙方电话	20	审核员

（续上表）

序号	交易原始信息	序号	交易原始信息	序号	凭证信息
21	付款方式	46	乙方手机	21	制单员
22	付款时间	47	乙方传真	22	核算币种
23	分期付款	48	乙方 E-mail	23	当时汇率
24	付款周期	49	甲方物资用途	24	账类标志
25	已付金额	50	乙方业务类型	25	审核标志

这些信息分别用于采购合同、公证书、供应商发票等，有些信息会影响到会计分录，进而影响记账凭证信息。确定哪些信息会影响采购核算的会计分录，是研究解决问题的焦点。通常，采购交易信息影响会计核算分录的因素如表 4－2 所示。

表 4－2　采购交易信息影响会计核算分录（及记账凭证）的因素

影响会计分录的交易信息	对记账凭证影响	对会计分录影响
日期	与日期对应	不影响
发票编号	与凭证编号对应	不影响
甲、乙方的信息特征（买、卖方向性质）	分录借贷方向和凭证类别	分录借贷方向
交易物品名称、物品规格、物品型号等	摘要、（库存的）明细科目	不影响
支票号、汇票号	支票号码	不影响
货款金额＝物品单价×数量总金额、已付金额、折扣金额（折扣比例）运输费用	发生额（借方金额、货方金额）	发生额
银行信息	明细科目	明细科目
纳税（税种、税率、税金）	科目名称（明细科目）	科目名称（明细科目）
买入物资的用途（材料、商品、周转材料等）	科目名称（明细科目）	
货款结算方式（现款、预定、赊销、分期付款交易）、付款时间	凭证类别与科目	科目名称
到货时间（到货方式、到货地点）物资到达与否	结算方式	

2. 明确采购业务核算的关键因素

表4－2列举了采购交易信息影响会计核算分录（及记账凭证）的因素。分析此表，可以得到以下几点：

（1）甲方和乙方的信息，影响了会计分录的借贷方向。

（2）买入的物资，是用于为生产产品而购进的原材料，还是库存商品、周转材料或工程物资影响了会计科目名称。

（3）纳税信息影响了会计分录中科目（及明细科目）的使用。在采购交易中基本有此项目。

（4）货款结算方式和付款时间表明的是现款、预定、赊销、分期付款等不同类别的交易，影响了会计分录中科目的使用，并影响到后续会计核算的处理。

（5）到货时间（到货方式、到货地点）和物资到达与否，与上条相似，影响了会计分录中科目的使用，并影响到后续会计核算的处理。

如此，可以得出影响并确定采购核算凭证编制的4个关键因素：物资用途、结算方式、收货情况、付款方式。采购业务关键影响因素如表4－3所示。

表4－3　采购业务关键影响因素

物资用途	结算方式	收货情况	付款方式
原材料 库存商品 周转材料 工程物资	现款交易（交款发货、货到付款） 预付定金 分期付款（三年以上） 赊购	交款货未到 货款同期 货到未付款 支付定金 支付首期，支付分期 赊销订货	库存现金 银行存款 其他货币资金 应付账款 应付票据 长期应付款 预付账款

如果把现款交易分解为交款发货、货到付款两个元素，得到采购业务会计核算判断条件表，如表4－4所示。

表 4－4 采购业务会计核算判断条件表

物资用途	结算方式	收货情况	付款方式
原材料 库存商品 周转材料 固定资产 工程物资 无形资产	交款发货 货到付款	交款货未到	现金银行存款其他货币资金
		货款同期	现金银行存款其他货币资金
	预付定金 交款发货	货到未付款	应付账款
		支付未付款	现金银行存款其他货币资金
		货款同期	现金银行存款其他货币资金
	货到付款 预付定金	支付定金	现金银行存款其他货币资金
		货到结算	现金银行存款其他货币资金
	赊购	赊销购货	应付账款应付票据

3. 掌握采购业务会计核算的决策方法

采购业务会计核算判断的各种因素组合，构成了编制采购业务核算各种会计分录的判断条件。其中有些因素的组合可以编制出相应的会计分录，而另外一些因素的组合存在矛盾和抵触，不能编制出会计分录。会计核算后的经济活动后果理应是一种确定的状态，所以可以用确定状态的决策树方法分析条件是否成立，进而研究其应该编制出哪些相应的会计分录。这就是应用人工智能技术的方法研究会计从业人员在会计核算过程中的思维过程。

（1）会计从业人员在进行核算的时候，并非从会计要素或者会计科目开始，而是针对某类、某项具体经济业务，编制会计分录（会计凭证），所以会计从业人员首先要认定具体经济业务的类型，判断其是属于销售业务、采购业务还是库存业务等。

（2）由于采购物资的用途不同，在会计核算中把它们分成原材料、库存商品、周转材料、固定资产、工程物资、无形资产六个类别，前三项为存货，属于流动资产，在采购业务系统中均通过“在途物资”（实际成本下使用）或“材料采购”（计划成本下使用）会计科目核算；后三项为非流动资产，计入对应的会计科目，即固定资产或无形资产，但工程物资使用“在途物资”或“材料采购”入账。

（3）在付款方式上有交款发货、货到付款、预付定金、赊购和三年以上分期收付五个元素，会计核算处理的时候应用的科目各有不同。会计从业人员必须根据情况进行分析判断。

（4）其他采购物资用途可以参照原材料采购进行。

（三）采购与应付业务智能会计核算

采购与应付业务智能会计核算是指通过应用先进的技术手段，如人工智能、大数据等，对采购与应付业务进行自动化、智能化的处理和分析，以提高会计核算的效率和准确性，为企业提供更加精确、高效的财务管理服务。以下是采购与应付业务智能会计核算的关键方面。

1. 自动化采购订单处理

智能核算系统可以自动接收、处理和分析采购订单数据，包括供应商信息、采购商品、数量、价格等。系统能够自动生成采购凭证，减少人工录入和核对的工作量，提高订单处理的效率。

2. 自动化应付账款管理

智能核算系统可以自动记录和管理应付账款，包括发票验证、付款计划、账龄分析等。系统能够实时更新应付账款的状态和金额，提供应付账款的明细和汇总报告，帮助企业及时掌握应付账款的情况。

3. 自动化采购成本核算

根据采购订单和入库情况，智能核算系统可以自动计算采购成本，并生成相应的会计分录。系统能够准确核算每种商品的采购成本，包括商品价款、运费、关税等，确保成本核算的准确性和及时性。

4. 自动化发票处理与匹配

智能核算系统可以自动接收、验证和匹配发票数据，确保发票信息与采购订单、入库单的一致性。系统能够自动将发票与相应的采购订单和入库单进行匹配，生成应付账款和采购成本的会计分录，减少人工核对和录入的工作量。

5. 智能化分析与决策支持

通过对采购与应付数据的深入分析和挖掘，智能核算系统可以提供供应商绩效评估、采购趋势预测、付款策略优化等决策支持。这有助于企业制定更加科学和合理的采购策略和付款政策，降低采购成本，提高资金利用效率。

6. 风险预警与防控

智能核算系统能够根据历史数据和预设的风险预警规则，对异常的采购和应付情况进行实时预警，如供应商违约、逾期付款等。这有助于企业及时发现并处理潜在的风险，避免损失的发生。

二、销售与应收业务

销售有广义和狭义之分，广义的销售应包括企业与外部各单位所发生的所有的买卖活动，包括对外的劳务提供和对外发生的所有有形和无形资产的出售等，如对外出售产成品、对外转让无形资产和对外出售剩余的或不需要的材料等；狭义的销售则仅指企业产成品的销售。而在会计上作为销售业务核算的，则是指包括产成品销售、材料销售以及无形资产转让等广义的销售。

（一）销售与应收业务概述

对于企业的销售业务流程，各企业的规定有所不同：有的企业是先开票后发货，有的企业是先发货再开票，有的企业是开票与发货同时进行。销售业务流程以销售报价单为起点，企业向客户提出的报价单，经客户确认后，提交销售部门，由销售部门根据报价单填写销售订单。销售订单需经主管确认，然后提交开票人员进行销售开票。销售开票是由开票人员开具销售发票，销售发票是原始的销售单据，包括增值税专用发票、普通发票等。销售流程如图4－2所示。

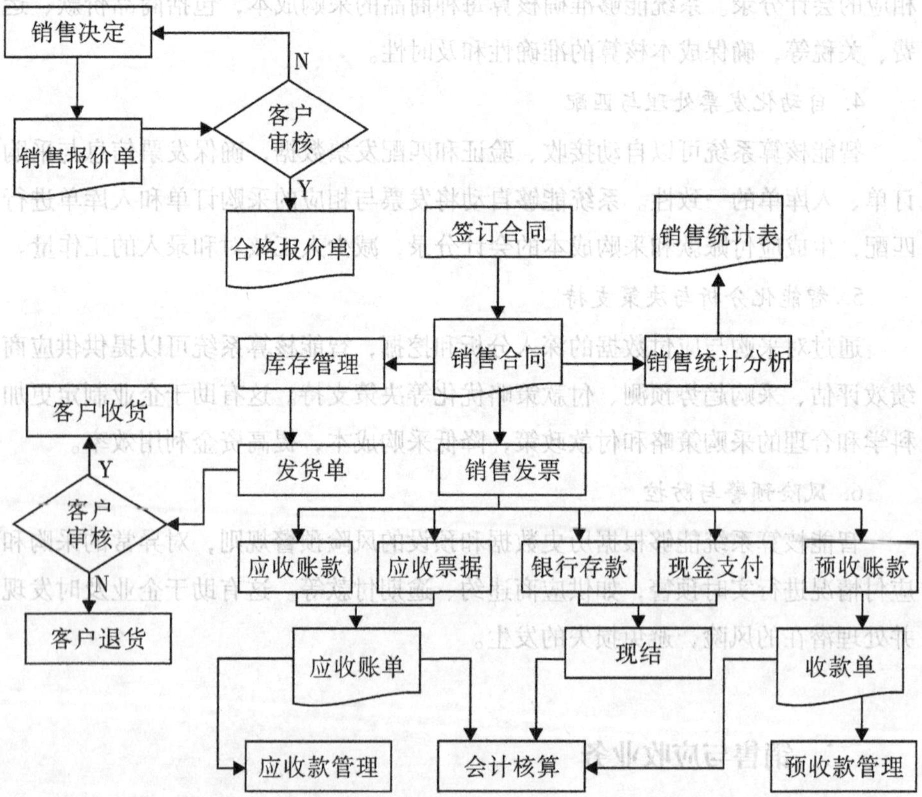

图4－2　销售流程

在企业销售业务的会计核算过程中，确认产品销售收入和其他销售收入的实现并办理与购买单位的货款结算、计算并结转产品销售成本和其他销售成本、支付产品销售费用、计算和交纳销售税金、确定产品销售损益和其他销售损益，这些流程构成了工业企业销售业务核算的主要内容。

（二）销售与应收业务关键环节

为了解决自动生成记账凭证这个关键问题，我们根据销售业务的经济特征，将销售业务的经济过程分解成四个关键判断因素，根据关键判断因素组合的代码生成会计分录，从而解决会计凭证无法自动生成的问题。

1. 业务性质

业务性质由主营业务和其他业务组成。主营业务主要是指企业从事某种主要生产、经营活动所取得的营业收入。其他业务是指企业除商品销售以外的其他销售及其他业务所取得的收入，包括材料销售、技术转让、代购代销、固定资产出租、包装物出租、运输等非工业性劳务收入。

2. 交易方式

企业根据销售交易的方式不同分为交款发货、货到付款、预收定金交易、赊销交易、分期收款交易五种方式。

（1）交款发货。客户与企业协商后选择先交货款再进行发货的交易方式，如果没有收到款项，企业则拒绝发货。

（2）货到付款。客户与企业协商后选择货到再付款的交易方式。客户在收到货物并且验收确认后才支付货款，然后供货企业收到货款后再进行财务核算。

（3）预收定金交易。“定金”是指当事人约定由一方向对方给付的，作为债权担保的一定数额的货币，它是一种法律上的担保方式，目的在于促使债务人履行债务，保障债权人的债权得以实现。签合同时，对定金必须以书面形式进行约定，同时还应约定定金的数额和交付期限。给付定金一方如果不履行债务，则无权要求另一方返还定金；接受定金的一方如果不履行债务，需向另一方双倍返还债务。债务人履行债务后，依照约定，定金应该抵作价款或者收回。企业根据自身需要，可以选择此交易方式保证自己的权益不受到损害。企业在收到对方定金之后进行发货和部分结算，收齐全额款项时再进行总核算。

（4）赊销交易。当客户暂时无法交付货款，但是凭借着良好的信誉或者多年的合作关系，可以采用赊销进行交易。现销交易能在商品销售时及时收回货款，风险较小，但是赊销交易存在发生坏账的可能，风险较大。

（5）分期收款交易。分期收款销售是指企业与客户在销售商品以后的一定期间内采用分期收取货款方式销售的产品。一般来说，采用分期收款方式销售的商品价值较高，分期收款的周期也较长。在客户一次付清货款有一定困难的情况下，分期收款销售也是一种促销手段。分期收款销售分为三年以下和三年以上分期收款的交易方式。赊销时间不一样，所做的会计分录和记账方法也不相同。客户和供货企业可以根据自身的实际情况来确定收款时间长短。

3. 发货情况

对于不同的交易方式，发货情况不同，所形成的会计分录也不同。发货情况及其特征见表4－5。

表4－5　发货情况及其特征

交易方式	发货情况	特征
交款发货	款到未发货	客户已经付款，供货企业按照订单去仓库准备货物，货物尚未发出
	待发已发货	供货企业准备好订单所需的货物，并由仓库人员开出出库单，将以前尚未发出的货物发出
	货款同时	收款时直接发货，如自己提货，或者零售现款交易
货到付款	已经发货	供货企业收到订单后去仓库准备货物，由仓库人员开出出库单，将货物发给客户
	款到结算	客户收到货物确认没有任何问题后将货款支付给供货企业，供货企业进行结算
预收定金交易	款到未发货	客户已经预付定金，供货企业按照订单去仓库准备货物，货物尚未发出
	待发已发货	供货企业准备好订单所需的货物，并由仓库人员开出出库单，将以前尚未发出的货物发出
	发货结算	客户验货，确认无误后将剩余款项支付给供货企业，企业收款后进行结算
赊销交易	赊销定货	客户暂时不支付货款，供货企业按照订单去仓库准备货物，并由仓库人员开出出库单，将以前尚未发出的货物发出
	赊销结算	客户收到货物，确认无误后将货款支付给供货企业，企业收款后进行结算

（续上表）

交易方式	发货情况	特征
分期收款交易	销售实现 <3 年	客户先支付首付，承诺货款在三年内支付完毕，供货企业发货，销售实现
	收分期款 <3 年	供货企业三年之内分期收到客户的货款，进行核算
	销售实现 >3 年	客户先支付首付，其余分期款的支付超过三年的时间，供货企业发货，销售实现
	收分期款 >3 年	供货企业一定时期内分期收到客户的货款，进行核算

4. 收款形式

（1）库存现金。客户和供货企业协商后选择支付库存现金作为交易的支付方式。

（2）银行存款。客户和供货企业协商后选择通过银行或者其他金融机构支付货款作为支付方式，包括银行汇票、商业汇票、银行本票和支票等，以及可以选择使用的结算方式主要包括汇兑、托收承付和委托收款三种，还包括信用卡。另外还有一种国际贸易间采用的结算方式——信用证结算方式。企业采用的支付结算方式不同，其处理手续及有关会计核算也有所不同。

（3）其他货币资金。客户和供货企业协商后选择通过其他货币资金进行交易。包括外埠存款、银行汇票存款、银行本票存款、信用证存款、信用卡存款和存出投资款等。

（4）暂不涉及。交易过程中暂时不涉及收款。如赊销交易销售实现时，供货企业只是进行发货，没有进行收款，会计凭证涉及的内容为应收账款，而不是库存现金、银行存款，或者其他货币资金。其他情况如应收票据、预收账款等也与此种情况相同。

5. 对会计分录影响

由以上所介绍的每种判断因素可以看出，每种判断因素都是域，域是具有相同类型值的集合。域可以是有限集，也可以是无限集。如果域是有限集时，则称域中的个数为域的基数。如：业务性质｛主营业务，其他业务｝，基数为2；交易方式｛交款发货，货到付款，预收定金交易，赊销交易，分期收款｝，基数为5；发货情况｛款到未发货，待发已发货，货款同时，已经发货，款到结算，赊销定货，赊销结算，销售实现，收分期款｝，基数为9；收款形式｛库存现金，银行存款，其他货币资金，暂不涉及｝，基数为4。通过这四个域中元素的组合，剔除不可能发生的情况，组合符合经济业务的情况，最后得出

68 种有效组合，这 68 种有效组合构成了基本的销售业务所涉及的会计分录。归纳上述影响编制凭证的关键因素，得到表 4 －6 销售交易活动信息影响会计核算分录的因素。

表 4 －6　销售交易活动信息影响会计核算分录的因素

影响会计分录的交易信息	对记账凭证的影响	对会计分录的影响
日期	与日期对应	不影响
发票编号	与凭证编号对应	不影响
银行信息	明细科目	明细科目
甲、乙方的信息特征（买、卖方向性质）	分录借贷方向和凭证类别	分录借贷方向
交易物品名称、物品规格、物品型号等	摘要、（库存的）明细科目	不影响
支票号、汇票号	支票号码	不影响
货款金额 = 物品单价 × 数量 总金额、已付金额、折扣金额（折扣比例）、运输费用	发生额（借方金额、贷方金额）	发生额
纳税（税种、税率、税金）	科目名称（明细科目）	科目名称（明细科目）
卖出物资的性质（主营业务、其他业务）	科目名称（明细科目）	科目名称
收款方式（现款、预定、赊销、分期收款交易）、收款时间	凭证类别与科目	科目名称
发货时间（交货方式、交货地点）、物资到达与否	结算方式	科目名称

表 4 －6 中列举了销售交易活动信息影响会计核算分录（及记账凭证）的因素。分析此表，可以得到以下几点：

（1）甲、乙方的信息特征，影响了会计分录的借贷方向。

（2）卖出物资的性质表明的是主营业务还是其他业务，这影响了会计分录中科目的使用。

（3）纳税信息影响了会计分录中科目（及明细科目）的使用，但只要是交易活动基本必定有此项目。

（4）收款方式和收款时间表明的是现款、预定、赊销、分期收款等不同类别的交易，这影响了会计分录中科目的使用，并影响到后续会计核算的处理。

（5）发货时间（及交货方式、交货地点）和物资到达与否，与上条相似，影响了会计分录中科目的使用，并影响到后续会计核算的处理。

（三）销售与应收业务智能会计核算

销售与应收业务的会计智能核算旨在利用先进技术实现销售与应收业务的自动化、智能化处理和分析，提高会计核算的效率和准确性，为企业提供更加精确、高效的财务管理服务。这将有助于企业加强销售管理和应收账款的监控，提高销售效率和资金回收率，增强企业的竞争力和市场地位。

1. 自动化销售订单处理

智能核算系统可以自动接收、处理和分析销售订单数据，包括订单号、客户信息、产品详情、价格等。系统能够自动生成销售凭证，减少人工录入和核对的工作量，提高订单处理的效率。

2. 自动化销售收入确认

根据销售订单和交货情况，智能核算系统可以自动确认销售收入，并生成相应的会计分录。系统能够实时监控销售收入的变动情况，确保收入确认的准确性和及时性。

3. 自动化应收账款管理

智能核算系统可以自动记录和管理应收账款，包括发票开具、收款跟踪、账龄分析等。系统能够实时更新应收账款的状态和金额，提供应收账款的明细和汇总报告，帮助企业及时掌握应收账款的情况。

4. 自动化坏账处理

智能核算系统可以根据预设的坏账计提规则，自动进行坏账的计提和处理。系统能够分析应收账款的账龄和逾期情况，自动识别和预警潜在的坏账风险，帮助企业及时采取措施减少损失。

5. 智能化分析与决策支持

通过对销售与应收数据的深入分析和挖掘，智能核算系统可以提供销售趋势预测、客户信用评估、收款策略优化等决策支持。这有助于企业制定更加科学和合理的销售策略和收款政策，提高销售效率和资金回收率。

6. 风险预警与防控

智能核算系统能够根据历史数据和预设的风险预警规则，对异常的销售和应收情况进行实时预警，如大额订单、逾期收款等。这有助于企业及时发现并处理潜在的风险，避免损失的发生。

三、库存与核算业务

库存业务是企业供应链活动中不可或缺的一环。库存管理的目的是维持企业的日常经营，确保原材料、在制品、成品、维修与生产耗材、在途品和退运品等物料的有效管理和控制。通过库存管理，企业可以支撑销售、采购、生产业务的有效运作，确保生产的正常进行，并将库存控制在合理水平，为企业提供准确的库存信息。

（一）库存与核算业务概述

库存业务主要包括仓库管理、日常物料的流转业务以及库存控制。这些业务通过入库业务、出库业务、调拨、组装拆卸、库存调整等功能来实现。同时，库存管理还需要结合批号保质期管理、库存盘点、即时库存管理等功能，对仓存业务的物流和成本管理全过程进行有效控制和跟踪，实现完善的企业仓储信息管理。企业的库存业务连接着采购部门、销售部门、计划部门、生产部门、财务部门等，在企业生产中作为一个“中枢”纽带，主要是对库存产品进行移动管理和盘点。通过分析库存的业务流程，找出制约库存核算的关键因素，从而发现库存和其他业务部门之间的联系，能够更好地管理库存。库存业务的主要流程如图 4－3 所示。

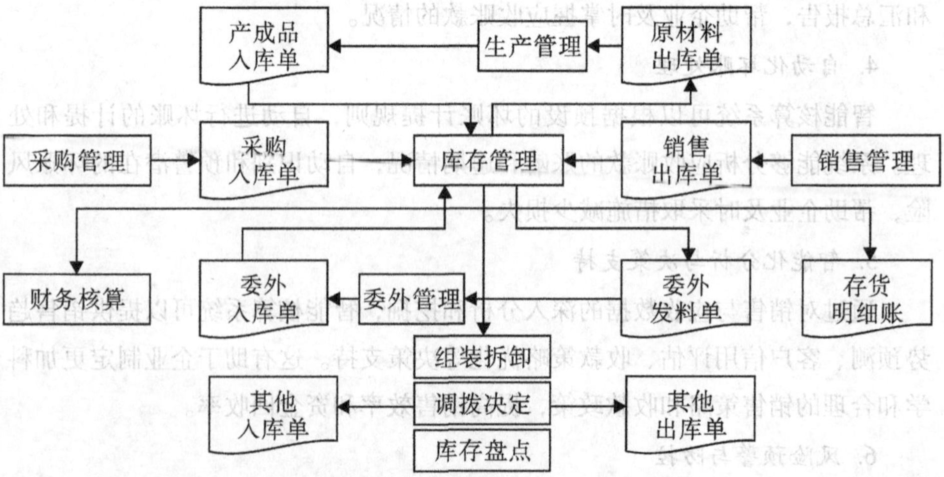

图 4－3　存货与核算业务流程

（二）库存与核算业务关键环节

库存业务的经济业务分为三大类：一是入库业务活动，二是出库业务活动，三是盘点业务活动。在这三种库存业务活动中，每一种都有一些更为具体的活动类型，例如：入库业务活动具体可以细分为采购入库处理、委托加工出库处理、自制入库处理、暂估入库处理、其他入库处理五样处理；出库业务活动具体可以细分为销售出库处理、管理领用处理、在建工程领用处理、委托加工领用处理、生产领用处理五样处理；盘点业务活动具体可以细分为存货盘盈处理、存货盘亏处理、摊销核算处理三样处理。

1. 明确企业存货分类

存货的构成内容很多，且各有其特点，在不同的企业中，对各种存货的管理要求也不尽相同。为了加强对存货的核算和管理，企业应科学合理地对存货进行分类，存货可以从不同角度分类。一般情况下，存货可以按照其经济内容、存放地点分类，还可以按照企业的性质、经营范围并结合存货的用途进行分类。

（1）原材料，是指企业通过采购或者其他方式获得的，在生产过程中经加工改变其形态或性质并构成产品主要实体的各种原料及主要材料，还包括辅助材料、修理用备件、包装材料、燃料及外购半成品等。

（2）在产品，是指在本企业生产各个阶段尚未加工完成、需要进一步加工且正在加工中的产品。

（3）自制半成品，是指在本企业已完成一定生产过程，可以验收入库，但需要进一步加工的中间产品。

（4）库存商品，是指经过一定的生产过程并已验收合格交付半成品入库，可以按照合同规定的条件送交订货单位，或可以作为商品对外销售的产品。

（5）代销商品，是指企业委托其他单位代销的商品以及企业接受其他单位委托代销的商品。

（6）包装物，是指为包装本企业产品而储备的和在销售过程中周转使用的各种包装容器，如桶、箱、瓶、坛、麻袋等。

（7）低值易耗品，是指不能满足作为固定资产核算的各种用具物品，例如办公用品、工具、劳保用品等。

（8）外购商品，指购入的不需要任何加工即可对外销售的商品。

2. 入库业务

企业的入库活动可以具体地分为采购入库、暂估入库、委托加工入库、自制入库以及其他入库等。其中采购入库是最基本的入库方式，必须是在质量、数量、规格等方面符合企业要求的产品才能入库，如果产品不符合企业的要求，例如在质量、重量等方面与企业订购的不相符合，则不能批准入库，只有全部检验合格才能开验收单。入库单上应有供货单位、日期、库存编号、名称、规格、单位、数量、存放货位、单价、金额和摘要说明等项内容。此外由于通过像非货币性资产交换、债务重组、企业合并、投资者投入、捐赠等方式发生的入库较少，我们将其以其他形式入库。

开完验收单后，企业根据结算单据和发票是否都到位进行会计处理，由于涉及企业核算采用的计价方法的不同，需根据具体企业采用不同的计价进行不同的会计处理。例如采用计划成本的企业，对于会计科目的选择，贷方要贷记“材料采购”。采用实际成本的企业，则贷方的选择要贷记“在途物资”。入库业务活动信息影响会计核算分录的因素见表4－7。

表4－7　入库业务活动信息影响会计核算分录的因素

业务大类	具体活动类型	存货种类	后续处理方式
入库业务	采购入库	原材料 库存商品 周转材料	无
	暂估入库		
	委托加工		
	自制入库		
	其他入库		

3. 出库业务

企业出库业务可以具体分为销售出库、委托加工领用、管理领用、在建工程领用、生产领用等出库方式。企业出库是根据具体的用途进行分类的，只有分清具体的出库方向，才能进行准确的会计核算，对于企业的出库业务，必须核算准确。因为企业的出库涉及生产的领用，是企业进行成本核算的中间产品依据，只有准确地进行会计记录，才能为成本的精确核算提供数据。此外还有销售的出库，也是企业进行成本配比的依据，因此出库业务必须认真对待，要做到真正的名至实归。

在出库业务过程中，出库业务的经济活动有很多种，根据出库业务，把在库存中的产品都给予一个总的定义，即“库存商品”，那么存货的分类就可以分为原材料、库存商品和周转材料。由于在出库业务中涉及原材料和库存产品领用的后续处理，我们必须进行不同的后续处理。库存商品和周转材料在会计处理方式上是有所区别的。库存商品的领用，由于领用的部门不同，我们必须对它做进一步的细分。而对于周转材料，会计上的处理方式是在领用时进行摊销，即一次摊销和五五摊销。出库业务活动信息影响会计核算分录的因素见表4－8。

表4－8　出库业务活动信息影响会计核算分录的因素

业务大类	具体活动类型	存货种类	后续处理方式
出库业务	销售出库	原材料 库存商品 周转材料	无
	委托加工出库		基本生产
	管理领用		辅助生产
	在建工程领用		一次摊销
	生产领用		五五摊销

4. 盘点业务

盘点业务具体包括存货盘盈、存货盘亏以及摊销核算等。存货的盘点业务在中小型制造企业中占据了很重要的地位。盘点工作完成以后，接下来就需要对前面清点的工作进行汇总，得出盘点的结果。

在库存盘点业务过程中，一共涉及三种经济业务：存货盘盈处理、存货盘亏处理、摊销核算处理等。由于库存盘点中涉及对所有产品进行的盘点处理，因此我们必须定义第四层，即后续处理方式。同样，其对于库存商品和周转材料在会计处理方式上是不同的。库存盘点活动信息影响会计核算分录的因素见表4－9。

表4－9　库存盘点活动信息影响会计核算分录的因素

业务大类	具体活动类型	存货种类	后续处理方式
库存盘点	存货盘盈	原材料 库存商品 周转材料	无
	存货盘亏		一次摊销
	摊销核算		五五摊销

（三）库存与核算业务智能会计核算

库存与核算业务的智能会计核算是指利用人工智能、大数据等先进技术，对库存和核算业务进行自动化、智能化的处理和分析，以提高会计核算的效率和准确性，为企业提供更加精准、高效的财务管理服务。这将有助于企业加强成本控制、风险管理和决策支持，提高企业的竞争力和市场地位。

1. 自动化账务处理

通过 OCR、NLP 等技术，智能核算系统可以自动识别、提取和处理与库存和核算相关的原始凭证，如入库单、出库单、发票等，自动生成会计分录和账簿，大大减少了手工录入和核对的工作量，提高了账务处理的效率和准确性。

2. 实时库存与财务核对

智能核算系统可以实时更新库存数据和财务数据，确保库存和财务数据的准确性和一致性。系统可以自动进行库存与财务的核对，及时发现和纠正差异，避免了传统模式下人工核对可能出现的错误和疏漏。

3. 智能化成本计算与分析

智能核算系统可以根据企业的成本核算规则和方法，自动计算库存成本、销售成本等关键指标，提供成本分析报告，帮助企业更好地了解和控制成本情况。同时，系统还可以根据历史数据和预测结果，进行成本预测和优化，为企业决策提供有力支持。

4. 风险预警与防控

智能核算系统可以根据预设的风险预警规则，对异常的库存和核算行为进行实时预警，如库存短缺、库存积压、成本异常等。这有助于企业及时发现并处理潜在的风险，防止损失的发生。同时，系统还可以提供风险分析报告和建议，帮助企业加强风险管理和防控。

5. 数据可视化与决策支持

智能核算系统可以将库存和核算数据以图表、报表等形式进行可视化展示，帮助企业直观地了解库存和财务情况。同时，系统还可以提供决策支持功能，如库存优化建议、成本核算方案选择等。

第四节　税费业务的智能会计核算

税费核算是企业财务管理的重要组成部分，主要指对企业应缴纳的各种税费进行计算、记录和核算的过程，这个过程涉及多个税种的核算，包括增值税、所得税、消费税、城市维护建设税、资源税、土地增值税、房产税、车船税、印花税等。在税费核算中，企业需要建立完善的会计制度和内部控制体系，要根据税法规定和相关的会计准则，对各项税费进行正确的计算和会计处理。例如，增值税的核算需要计算销项税额和进项税额，从而确定应交的增值税额；所得税的核算则需要根据企业的盈利情况，按照税法规定的税率和计算方法，计算出应交的所得税额。对于具体的税费核算方法，不同税种有不同的核算方式和计算公式。例如，增值税的核算涉及销售额、进项税额、销项税额等要素的计算；所得税的核算则需要考虑到企业的各项扣除、抵减和折旧等因素。

一、增值税业务智能会计核算

增值税是以商品（含应税劳务）在流转过程中产生的增值额作为计税依据而征收的一种流转税。从计税原理上讲，增值税是对商品在生产、流通、劳务服务中多个环节的新增价值或商品的附加值征收的一种流转税。商品新增价值或附加值在生产和流通过程中是很难准确计算的。因此，中国也采用国际上普遍采用的税款抵扣的办法，即根据销售商品或劳务的销售额，按规定的税率计算出销售税额，然后扣除取得该商品或劳务时所支付的增值税款，也就是进项税额，其差额就是增值部分应交的税额，这种计算方法体现了按增值因素计税的原则。

（一）增值税会计概述

增值税会计指的是有关主体在进行增值税的核算和汇缴时，应该遵照相关增值税的法律法规，并进行相应的账务处理。增值税会计是与财务会计相对应的概念，增值税会计属于财务会计的范畴，它以税法法律制度为准绳，以货币为计量单位，运用会计学的原理和方法来反映和监督纳税人应纳增值税的形成、申报和缴纳。增值税会计所要处理的业务类型并不是独立的，而是在企业运营过程中出现的，因此增值税会计需要以财务会计为依托，在会计处理中仍然要遵守会计准则。另外，增值税会计和财务会计开展核算和税款汇缴的重要依据都是企业取得的会计凭证。

增值税会计账务处理的方法以财务会计方法为基础，同时，增值税会计的相关信息在财务会计账套和报表中进行列示。增值税会计核算的主要内容如下。

1. 进项税额的核算

进项税额记录企业为购进货物、加工修理修配劳务、服务、无形资产或不动产而支付或负担的、准予从当期销项税额中抵扣的增值税额。这包括一般纳税企业外购货物（固定资产除外）所支付的运输费用，以及销售货物所支付的运输费用（代垫运费除外），最后根据运费结算单据所列运费金额和规定的扣除率计算进项税额。

2. 销项税额的核算

销项税额记录企业销售货物、加工修理修配劳务、服务、无形资产或不动产应收取的增值税额。

3. 进项税额转出的核算

进项税额转出记录企业购进货物、加工修理修配劳务、服务、无形资产或不动产等发生非正常损失以及其他原因而不应从销项税额中抵扣、按规定转出的进项税额。

4. 已交税金的核算

已交税金记录企业当月已交纳的应交增值税额。

5. 减免税款的核算

减免税款记录企业按现行增值税制度规定准予减免的增值税额。

6. 出口退税的核算

出口退税记录企业出口货物、加工修理修配劳务、服务、无形资产等按规定退回的增值税额，以及实行“免、抵、退”办法的企业按规定计算的出口货物的进项税抵减内销产品的应纳税额。

7. 转出未交增值税和转出多交增值税的核算

转出未交增值税和转出多交增值税分别记录企业月度终了转出当月应交、未交或多交的增值税额。

这些核算内容在“应交增值税”明细账内设置相应的专栏进行记录，以反映企业增值税的应交、已交、抵扣、转出、退税等情况。同时，企业还需要注意增值税的申报和缴纳时间，以及遵守相关税收法律法规，确保增值税的准确核算和合规缴纳。

（二）增值税会计核算关键环节

会计核算必须坚持一定的原则。通常而言，财务会计所坚持的原则具有多样化的特点，一方面包含会计信息质量的原则，另一方面包含会计确认、计量和报告的原则。而增值税会计在遵循基本原则的基础上，还存在一些特殊的情况。我国增值税的一个重要特点是实行“价外计税”办法，即以不含增值税的价格为计税依据，同时以增值税专用发票的抵扣联所注明的税款及按规定计算的进项税额实行税款抵扣的制度，按购进扣税法的原则计算应纳税额。增值税会计核算的一般流程如下。

1. 开具发票与记录销售业务

当企业销售商品或提供服务时，需要向购买方开具增值税发票，并记录销售业务的详细信息，包括销售额、销项税额等。以一般纳税人企业来说，一般纳税人应纳税额 = 当期销项税额 - 当期进项税额，按照增值税相关规定，当期销项税额 = 销售额 × 税率。在销售额和税率两个要素中，销售额是重点，只要确认了销售额，销项税额基本就能确定。

2. 购进发票认证与记录购进业务

企业在采购商品或接受服务时，会获得增值税专用发票。为确保发票的有效性，需要进行购进发票认证，并记录购进业务的详细信息，包括购买额、进项税额等。进项税额是纳税人购进货物或者接受应税劳务和服务所支付或者应负担的增值税税额。进项税额除了特殊规定需要计算扣除外的部分，其他均为购进货物所取得的增值税专用发票上注明的增值税税额和从海关取得的增值税专用缴款书上注明的增值税税额。

增值税进项税票的认证方式主要包括以下四种：

（1）税局认证。纳税人在收到增值税进项税发票后，首先需要查看抵扣联（第一联）和发票联（第二联）是否齐全，核查开票的内容是否真实、正确，并检查是否有加盖单位发票专用章。在检查无误后再带上抵扣联去税务局认证，这些发票信息都会由税务局工作人员扫入系统，并由系统自动进行比对。

（2）远程认证。这种方式需要纳税人将扫描仪接入电脑，连接网络后打开企业端软件，选择相应的扫描仪进入系统，将待认证的抵扣联正确地放置在扫描仪上进行扫描和识别。识别结果需要与抵扣联原件进行核对，如有识别不准确的地方需要手工修改。最后再进行实时认证，认证通过后即可下载打印通知书。

（3）网上勾选认证。本方式可认证抵扣的发票包括增值税专用发票、货物运输业增值税专用发票、机动车销售统一发票。在电脑上插入税控盘，进入增值税发票认证平台，输入证书密码后登录，选择要认证的发票进行勾选确认，最后进行申报抵扣。

（4）增值税发票选择确认平台。这种方式适用于纳税信用为 A 级、B 级、C 级、M 级的增值税一般纳税人。纳税人可以使用连接互联网的电脑，在 USB 接口插入金税盘或者税控盘，登录所在省份的增值税发票选择确认平台网站，查询、选择、确认用于申报抵扣或出口退税的增值税发票信息。

具体的认证方式可能会因地区和政策的不同而有所差异，建议在实际操作前咨询当地税务部门或专业人士以获取准确的信息。

3. 计算应纳税额

根据销售业务和购进业务的记录，计算企业应缴纳的增值税额。这涉及销项税额和进项税额的差额计算。

（1）当企业购进货物或接受应税劳务时，取得的增值税专用发票上注明的税额即为进项税额。企业需要在会计记录中确认这笔进项税额，并将其纳入应交税费的核算中。借记“原材料”“库存商品”等科目（根据购进货物或接受劳务的具体情况而定），表示购进的货物或接受的劳务的成本增加；借记“应交税费—应交增值税（进项税额）”科目，表示应交税费中进项税额的增加。

（2）当企业销售货物或提供应税劳务时，向客户收取的价款中包含销项税额。企业需要在会计记录中确认这笔销项税额，并将其纳入应交税费的核算中。借记“银行存款”“应收账款”等科目，表示企业收到了货款或形成了应收账款；贷记“主营业务收入”“其他业务收入”等科目（根据销售货物或提供劳务的具体情况而定），表示销售货物或提供劳务的收入增加；贷记“应交税费—应交增值税（销项税额）”科目，表示应交税费中销项税额的增加。

（3）在月末，企业需要对“应交税费—应交增值税”科目进行结转，计算出当月应交的增值税额，并进行相应的账务处理。

值得注意的是，尽管一般纳税人取得了增值税专用发票，但发票上注明的增值税进项税额未必全部可以从销项税额中抵扣，如购进的货物或应税劳务和服务用于非应税项目、免税项目或用于集体福利和个人消费，其支付的进项税额不能从销项税额中抵扣，这些都需要根据具体的税务规定进行计算和调整。企业当期应交的增值税计算是一个相对复杂的过程，需要考虑多个因素和可能的调整项。

4. 特殊业务处理

对于某些特殊业务，如出口退税、进项税额转出等，需要按照相关税收法律法规进行处理，确保增值税核算的准确性。

5. 计提当期增税金及附加税

月末结转后，企业应根据当月增值税的未交增值税余额来计提附加税。在某些情况下，企业可能无法从销项税额中抵扣全部的进项税额，比如购进的商品或服务用于非应税项目、免税项目等，那么企业需要做“进项税额转出”。如果期末“应交税费—应交增值税”账户为贷方差额，表示本月有应交税金，需要缴纳增值税，如果销项税额小于进项税额，不足抵扣的部分可以结转到下期继续进行抵扣。

对于小规模纳税人，增值税是根据销售额来确定的，取得的进项税金不可以抵扣；而应交税金 = 含税销售额/（1 + 增值税税率）× 增值税税率。对于一般纳税人，增值税则是根据销项税金、进项税金、留抵税金、出口退税等计算得出。

附加税的计算依据是当期应交增值税。常见的附加税计算公式包括：城市建设维护费 = 应交增值税适用税率（7%或者 5%），教育费附加 = 应交增值税适用税率（3%），地方教育费附加 = 应交增值税 × 适用税率（2%）。

6. 账务处理

在整个核算流程中，企业需要进行相应的账务处理，如记录凭证、登记账簿、编制报表等，以确保增值税核算的准确性和合规性。在账务处理过程中，增值税会计强调差异调整。由于税法和会计准则对一些经济业务的内容规定存在不一致的情况，因此会造成永久性差异和暂时性差异，这需要相关部门对差异进行调整。

7. 审核备案与档案管理

完成结算后，增值税申报表需要提交至当地主管税务机关审核备案。同时，企业应妥善保管相关发票和凭证，以备后续审计和查询。增值税会计强调对发票的真实性进行验证。增值税专用发票是企业进行税收缴纳的重要依据之一。因此，有关主体在开具发票时必须保证发票的规范性和完整性，而在收到增值税专用发票时，还需要对发票的真实性进行验证。

8. 完善增值税专用发票管理制度

增值税专用发票是企业核算和缴纳税款的重要依据之一，因此企业必须加强对增值税发票的管理水平，完善增值税专用发票的管理制度。首先，企业发生经济业务时一定要及时取得相应的增值税专用发票。如果无法及时获取发票，那么一方面很可能会对纳税申报造成一定的负面影响，甚至使企业因逾期纳税而缴纳滞纳金；另一方面，也有可能会给企业带来一定的税务风险。其次，企业应该加强发票的认证管理。企业在取得增值税专用发票时，应该对增值税专用发票的真实性进行验证，及时发现开具错误或虚假开具的增值税专用发票。最后，企业还应该规范发票的开具。企业在开具增值税发票时，应该保证发票的摘要内容真实、准确、字迹清晰，同时还要保证备注的内容是对企业经济业务的真实反映。此外，企业还要格外注意税率的准确性。

（三）增值税会计核算的智能化流程

增值税会计核算的智能化流程是利用信息技术和人工智能技术来自动化和优化增值税会计核算的过程。这种流程可以大大提高核算的效率和准确性，减少人为错误和疏漏。以下是增值税会计核算的智能化流程的一般步骤。

1. 发票识别与验证

进项税票的采集可以通过手工录入或从企业的财务系统、ERP 系统中自动导入。对于使用税控设备开具的发票，可以通过抄税的方式将早期增值税发票的信息输入到企业财务软件中，利用 OCR 技术，对开具的增值税发票进行自动识别和验证。系统可以自动提取发票上的关键信息，如购买方、销售方、税额等，并与企业的销售、采购数据进行比对和验证。目前，AI 技术支持对增值税普票、专票、全电发票（新版全国统一电子发票，分为专票和普票）、卷票、区块链发票的所有字段进行结构化识别，包括发票基本信息、销售方及购买方信息、商品信息、价税信息等，其中五要素字段的识别准确率超过 99.9%；同时，某些 AI 技术系统还支持对增值税卷票的 21 个关键字段进行识别，包括发票类型、发票代码、发票号码、机打号码、机器编号、收款人、销售方名称、销售方纳税人识别号、开票日期、购买方名称、购买方纳税人识别号、项目、单价、数量、金额、税额、合计金额（小写）、合计金额（大写）、校验码、省、市，四要素字段的识别准确率可达 95% 以上。

2. 发票数据风险识别

采集完成后，对采集到的数据进行预处理，确保数据的准确性和完整性，包括去除重复数据、纠正错误数据、处理缺失值等。在预处理阶段，还可以利用一些规则或模型对发票数据进行风险识别。例如，识别出可能存在虚开、重开等风险的发票。企业应确保取得的增值税进项发票真实、合法，避免取得虚假发票或非法发票。

在采集和预处理阶段，应尽可能确保数据的准确性和完整性，以避免后续税务处理中的问题。在处理发票数据时，应遵循相关税务规定，如增值税专用发票的开具、抵扣等规定。同时，企业应该保持数据的可追溯性，而为了方便后续的管理和审计，还应加强与税务系统的对接，实现数据的自动导入和导出，确保能够追溯到原始发票和相关信息。

3. 进项发票认证

进项发票认证抵扣是增值税税务处理中的一个重要环节。企业取得增值税进项发票后，需要进行认证，认证通过后才能进行抵扣。企业取得增值税进项发票后，应在规定时间内（通常为开票之日起三个月内，现政策可能有所变动，请以最新政策为准）进行认证。当月认证的发票必须在当月抵扣，否则不予抵扣。通过认证，可以确认增值税专用发票的真假，只有通过认证的、符合税法抵扣规定的进项税额才能进行抵扣。例如，从销售方取得的增值税专用发票（含税控机动车销售统一发票）上注明的增值税额可以进行抵扣。但用于非增值税应税项目、免征增值税项目、集体福利或个人消费的购进货物或应税劳务等进项税额不得从销项税额中抵扣。

一般情况下，购进方的进项税由销售方的销项税对应构成，即进项税额在正常情况下是在增值税专用发票及海关进口增值税专用缴款书上注明的增值税税额。特殊情况下，如购进农产品，可以按照农产品收购发票或销售发票上注明的农产品买价和扣除率计算进项税额。在进行进项税额抵扣时，企业应遵循相关抵扣规定，确保抵扣的合法性和准确性。同时，企业应妥善保留与进项税额抵扣相关的凭证和资料，以备税务机关的检查和核对。

4. 自动计算应纳税额

增值税及附加税的智能会计核算主要依赖于智能化的财税系统和相关软件。首先，智能化系统通过与企业内部的ERP、CRM、财务等系统集成，自动采集增值税及附加税相关的原始数据，如销售收入、采购成本、进项税额、销项税额等；根据预设的增值税和附加税计算规则，自动计算应纳税额、抵扣税额、实际缴纳税额等；其次，根据采集和验证的发票数据，系统能够自动化处理大量的税务数据，自动计算销项税额和进项税额的差额，得出应纳税额。最后，智能核算系统能够处理复杂的税务规则，包括不同税率、免税、减税、退税等情形。

5. 自动申报与缴纳

系统可以根据预设的申报规则和缴纳要求，自动生成增值税申报表，并与税务部门的电子申报系统对接，实现自动申报，完成税款的缴纳。这可以减少人工操作的时间和成本，提高申报和缴纳的效率。

6. 智能分析与决策支持

智能化系统内置风险识别模型，能够实时监测税务数据，发现潜在的税务风险，如漏报、错报、重复申报等。通过人工智能技术，系统可以对历史数据进行智能分析，为企业提供税务风险预警，及时通知企业相关人员处理风险事项，避免税务违规和处罚。智能化系统提供强大的数据分析功能，通过数据分析，帮助企业分析增值税及附加税的构成、变化趋势和影响因素，企业可以优化税务筹划策略，降低税负，提高经济效益，为企业税负率优化等决策提供支持。

7. 数据归档与审计

智能化系统能够完整保存税务相关的原始凭证、申报表、缴款凭证等档案资料。系统还可以自动归档增值税相关的核算数据，提供便捷的档案查询和检索功能，以便后续审计和查询。同时，系统也提供审计接口和工具，方便外部审计机构进行数据的审计和验证。

二、企业所得税业务智能会计核算

企业所得税是对在中华人民共和国境内的企业和其他取得收入的组织（以下统称企业）的生产经营所得和其他所得征收的一种税。企业所得税是一种直接税，以企业取得的利润为征税对象。在中国，企业所得税的纳税人包括国有企业、集体企业、私营企业、联营企业、股份制企业以及其他有生产经营所得和其他所得的组织。企业所得税的征税对象包括销售货物所得、提供劳务所得、转让财产所得、股息红利所得、利息所得、租金所得、特许权使用费所得、接受捐赠所得和其他所得。

（一）企业所得税会计核算概述

企业所得税是我国四大税种之一，正常税率为25%，是税源的重要组成部分。企业所得税会计核算主要是对企业按照税法规定应缴纳的企业所得税进行会计处理的过程。这包括对企业在一定时期内取得的各项收入、发生的各项费用以及由此产生的应纳税所得额进行计算和确认，以及根据适用的所得税税率计算应缴纳的企业所得税。我国的企业所得税的征税范围既体现了居民管辖权又体现了所得来源地管辖权，即属地兼属人原则。纳税人需缴纳的所得税数额的计算公式如下：

应纳税所得额 = 利润总额 + 纳税调整增加额 − 纳税调整减少额；

应交所得税 = 应纳税所得额 × 所得税税率。

从以上计算公式可以看出，在企业所得税会计核算中，有几个重要的概念和步骤。

1. 应纳税所得额的计算

这是企业所得税会计核算的基础。在计算企业所得税时，月/季度实际利润总额的计算是确定应纳税所得额的基础。应纳税所得额等于企业在一个纳税周期内（月度/季度/年度）的收入总额减去不征税收入、免税收入、各项扣除以及允许弥补的以前年度亏损。这些扣除项目包括成本、费用、税金、损失等。

企业所得税的应纳税所得额通常是基于企业的实际利润进行调整后得到的。以下是计算月/季度实际利润总额一般的步骤和方法：

（1）确定营业收入。营业收入是指企业在一定时期内通过销售商品和提供劳务所获得的收入净额，包括主营业务收入和其他业务收入。

（2）计算营业成本。营业成本是与营业收入直接相关的成本，包括主营业务成本和其他业务成本。

（3）计算税金及附加。税金及附加是指企业应缴纳的各种税费，但不包括所得税。这通常包括增值税、消费税、城市维护建设税、教育费附加等。

（4）计算期间费用。期间费用包括管理费用、销售费用和财务费用，这些费用是企业在日常经营活动中发生的。

（5）计算营业外收入和支出。营业外收入和支出是指与企业日常经营活动无关的收入和支出，但这些也需要纳入利润总额的计算中。

（6）计算利润总额。根据上述各项，利润总额的计算公式为：利润总额 = 营业收入 - 营业成本 - 税金及附加 - 期间费用 - 营业外支出 + 营业外收入。

（7）纳税调整。在计算企业所得税时，可能需要对实际利润进行纳税调整。这包括按照税法规定对某些收入、成本、费用等进行调整。应纳税所得额计算需要纳税调整项目，包括调增项目和调减项目。常见的调增项目包括罚款和滞纳金等，调减项目包括免税收入、不征税收入和减征税项目等。

（8）计算应纳税所得额。在进行了必要的纳税调整后，得到的金额即应纳税所得额。这是计算企业所得税税额的基础。

在企业所得税会计核算中，还需要遵循一些原则和方法，除了性质比较特殊的行政单位以及事业单位（经营业务除外），目前我国一般的企业基本采用的是“权责发生制”的会计基础，该记账基础体现的是会计信息八大特征之一——“实质重于形式”原则。因此在计算企业应交所得税时，要遵循“权责发生制”的基本原则，正确划分所属当期的收入和费用，才能正确地计算出所属当期的应纳税所得额。

2. 所得税税率的确定

企业所得税的税率根据企业的类型和所在地区的不同而有所差异。我国现行税制中的企业所得税基本税率为25%，但对于微利企业和高新技术企业，税率可能会有所优惠。如非居民企业适用税率为20%，符合条件的小型微利企业适用税率为20%，国家需要重点扶持的高新技术企业适用税率为15%。具体的税率可能会因企业的类型、规模、地理位置以及国家税收政策的调整而有所变化。因此，在计算企业所得税时，需要参考最新的税法规定。

3. 所得税费用的计算

企业所得税费用等于应纳税所得额乘以适用的所得税税率，是指企业经营利润应交纳的所得税，是损益类科目。所得税费用的计算涉及多个因素，包括应纳税所得额、税率、减免税额、抵免税额等。在企业的财务报表中，所得税费用是一个重要的项目，反映了企业需要为其所得而支付的税金。同时，所得税费用也是企业所得税会计核算的重要内容之一，需要遵循相关的会计准则和税法规定进行计算和确认。

4. 递延所得税的处理

所得税费用即为从当期利润总额中扣除的所得税费用，一般不等于当期应交所得税，而是当期所得税和递延所得税之和。递延所得税是由于会计利润和应纳税所得额之间的差异而产生的。在会计核算过程中由于折旧方法、存货计价方法等不同而产生“暂时性差异”或“永久性差异”，递延所得税的处理涉及对未来税金的预估和调整。所得税费用的计算有两种方法：

所得税费用 = 应交所得税 + 递延所得税负债 − 递延所得税资产；

所得税费用 =（会计利润 + 或 − 永久性差异）× 所得税税率。

因此，所得税费用的计算涉及多个因素，包括应纳税所得额、税率、减免税额、抵免税额等。具体的计算方法和步骤可能会因企业的类型、规模、地理位置以及国家税收政策的调整而有所变化。

（二）季度/月度企业所得税会计核算的智能化流程

季度/月度企业所得税会计核算的智能化流程可以大致分为以下几个步骤。

1. 数据采集与整理

智能化系统首先会从企业的各个业务系统中自动采集与所得税相关的数据。

（1）从企业的业务系统（如销售系统、采购系统、库存系统等）中采集销售收入、成本、费用等。这些数据可以通过系统接口或数据导出功能进行采集。这些数据会经过清洗、验证和分类，以确保数据的准确性和完整性。

（2）从企业的财务系统（如会计软件、ERP 系统等）中采集企业的财务数据和会计凭证。这些数据包括资产负债表、利润表、现金流量表等，是计算企业所得税的重要依据。

（3）从税务系统中采集企业所得税相关的数据，如已缴纳的税款、税收优惠情况等。企业可以通过税务系统的接口或申报表进行数据采集。

（4）企业还可能从其他数据源采集数据，如外部数据库、第三方数据提供商等。这些数据可以用于验证和补充企业内部的数据。

在采集数据时，企业需要确保数据的准确性和完整性，避免数据错误或遗漏导致所得税计算不准确。同时，企业还需要遵循相关的会计准则和税法规定，确保数据的合规性和合法性。

2. 自动计算应纳税所得额

根据采集的数据，系统会自动按照税法规定计算应纳税所得额。这包括从收入中减去不征税收入、免税收入、各项扣除等，以及考虑以前年度亏损的弥补。在企业所得税计算中，智能自动计算应纳税所得额可以通过以下步骤实现：

（1）数据集成与预处理。首先，系统需要将从各个业务系统、财务系统、税务系统等采集的数据进行集成和预处理。这一步包括数据清洗、格式转换、数据校验等，确保数据的准确性和一致性。

（2）自动分类与识别。接下来，系统需要能够自动识别和分类与所得税相关的数据。例如，能够区分收入、成本、费用、资产、负债等不同类型的数据，并对其进行相应的处理。

（3）自动计算扣除项目。系统需要根据税法规定，自动计算各种扣除项目，如成本、费用、税金、损失等。这些扣除项目对于计算应纳税所得额至关重要。

（4）自动调整与核对。系统还需要根据税法和会计准则的要求，自动对所得税相关的数据进行必要的调整和核对。例如，调整暂时性差异、确认未确认的所得和费用等。

（5）计算应纳税所得额。在完成上述步骤后，系统可以自动计算应纳税所得额。这通常是通过将收入总额减去不征税收入、免税收入、各项扣除以及以前年度亏损来完成的。

（6）数据验证与输出。最后，系统需要对计算得到的应纳税所得额进行验证，确保其准确性和合规性。验证无误后，系统可以自动输出应纳税所得额的结果，供企业决策和税务申报使用。

这一过程的实现，需要企业选择或开发适合自身业务的智能化税务管理系统。这些系统通常具备强大的数据处理和分析能力，能够自动处理大量数据并提供准确的计算结果。企业还需要建立完善的内部控制机制和数据安全体系，定期对系统进行维护和更新，确保数据的安全性和保密性。同时，企业也需要加强员工培训，提高员工的税务意识和操作技能，以适应税法和会计准则的变化，确保所得税计算的准确性和合规性。

3. 自动确定税率和税收优惠

系统会根据企业的类型、规模、所在地区以及国家税收政策，自动确定适用的所得税税率和可能享受的税收优惠。

4. 自动生成税务申报表

在数据匹配和计算完成后，系统会根据预设的规则和算法，自动匹配和计算税务申报表所需的各项数据。例如，系统可以自动计算应纳税所得额、税率、减免税额等，并根据这些信息生成税务申报表的基本框架。再根据税务部门的要求和格式，自动生成税务申报表。这些申报表包括所得税纳税申报表、附表等，可以直接用于向税务机关申报纳税。生成的税务申报表会经过数据验证和审核，以确保其准确性和合规性。这包括核对数据的逻辑关系、比对历史数据、检查税务风险等步骤。如果发现错误或异常，系统会提示用户进行修正。

5. 数据归档与审计

系统会自动将计算过程中使用的数据和生成的申报表进行归档存储，以便后续查询和审计。同时，系统也提供审计接口和工具，方便外部审计机构进行数据的审计和验证。

（三）年度企业所得税会计核算的智能化流程

年度企业所得税会计核算的智能化流程指的是利用信息技术和智能化工具来优化企业所得税汇算清缴的流程，能够提高申报的效率和准确性，降低企业的税务风险。年度企业所得税会计核算的智能化流程通常包括以下步骤。

1. 数据整合

首先，智能化系统能够自动从企业的各个业务系统和财务系统中采集所得税相关数据，如收入、成本、费用、资产折旧等。这些数据通常来源于企业的各个业务系统和财务系统。通过数据接口或数据导入工具，智能化系统将整合企业全年的财务数据，包括但不限于收入、成本、费用、资产和负债等，实现数据的快速整合和预处理，确保数据的准确性和一致性。

2. 自动调整与核对

系统会根据税法和会计准则的要求，自动对全年数据进行必要的调整和核对。这包括调整暂时性差异、确认未确认的所得和费用、计算并抵扣暂时性差异等。系统根据税法和会计准则的要求，自动计算应纳税所得额、可抵扣税额、应纳税额等关键指标。自动调整涉及暂时性差异、递延所得税资产和负债的项目，以确保税务处理的合规性。

3. 计算年度应纳税所得额

在数据整合和调整之后，系统会计算企业的年度应纳税所得额。这通常是通过将全年的收入总额减去不征税收入、免税收入、各项扣除以及以前年度的亏损来完成的。

4. 确定税率和税收优惠

系统会根据企业的类型、规模、所在地区以及国家税收政策，自动确定适用的所得税税率和可能享受的税收优惠。

5. 计算年度应纳所得税额

在确定了年度应纳税所得额和税率后，系统会计算年度应纳所得税额。这通常是通过将年度应纳税所得额乘以税率，再减去减免税额和抵免税额来完成的。

6. 自动生成年度税务申报表

基于计算结果和税务部门的要求，系统会自动生成年度企业所得税的申报表，申报表包括主表、附表、明细表等，表格的格式和内容都符合税务部门的规定。这些申报表可以直接用于向税务机关申报纳税。

7. 数据审计与归档

系统会自动对全年数据和生成的申报表进行审计和归档。这可以确保数据的真实性和准确性，并方便后续查询和审计。

8. 数据报告与分析

申报完成后，系统会将相关数据进行归档存储，生成企业所得税的年度报告和分析，帮助企业了解税务状况、优化税务筹划、提高财务管理水平。

9. 智能退税处理

对于多缴的税款，系统可以自动检测并启动退税流程。通过与税务部门的退税系统对接，实现退税申请的快速提交和处理。

企业所得税年度会计核算智能化的实现需要企业配备相应的信息技术基础设施和专业的税务管理软件。同时，企业还需要加强内部培训和管理，提高员工的税务意识和操作技能，确保智能化系统的有效运行和税务处理的准确性。

三、个人所得税业务智能会计核算

个人所得税指的是以个人（自然人）取得的各项应税所得为对象征收的一种税，是调整征税机关与自然人（居民、非居民）之间在个人所得税的征纳与管理过程中所发生的社会关系的法律规范的总称。按照所得税法规定，个人取得工资薪金、劳务报酬、生产经营或承包（租）经营所得、稿酬、财产转让、财产租赁、特许权使用费、股息利息红利、偶然所得和其他所得，应依法缴纳个人所得税。在税率方面适用于20%的比例税率和3% ~45%或5% ~35%的超额累进税率。

（一）个人所得税扣缴会计核算概述

我国个人所得税的扣缴主要涉及税务机关、扣缴义务人（通常是雇主或单位）以及纳税人（即个人）三方。扣缴义务人每月按纳税人的工资、薪金等收入计算纳税人应纳税所得额和适用的税率，计算应扣缴的个人所得税金额，然后在支付工资、薪水等收入时，从纳税人的收入中代扣个人所得税，并将代扣的税款及时足额地缴纳给税务机关。

在个人所得税扣缴过程中，扣缴义务人需要严格遵守税法规定，确保代扣的税款金额准确无误，并及时缴纳给税务机关。同时，扣缴义务人还需要妥善保管相关的会计凭证和资料，以备税务机关的查验。

个人所得税扣缴的会计核算主要涉及两个环节：一是企业从员工的工资中代扣个人所得税，二是企业将这些个人所得税缴纳给税务机关。企业从工资中代扣个人所得税时，借记“应付职工薪酬”（或“应付工资”“应付职工工资”等科目，视企业具体设置而定），贷记“应交税费—应交个人所得税”。这一步的核算表示企业已经从员工的工资中扣除了应缴纳的个人所得税，并将这部分税款计入了“应交税费—应交个人所得税”这个负债科目。企业代缴个人所得税给税务机关时，借记“应交税费—应交个人所得税”，贷记“银行存款”（或“现金”等科目，视企业具体支付方式而定）。这一步的核算表示企业已经将代扣的个人所得税缴纳给了税务机关，并通过“银行存款”等科目减少了企业的资产。

此外，对于个体工商户生产经营所得应纳的个人所得税，其会计核算方法与上述工资薪金所得的个人所得税扣缴方法类似。在计算应纳税所得额时，个体工商户需要将其生产经营所得的收入减去相关的成本、费用等支出后得到应纳税所得额，再按照税法规定的税率计算应缴纳的个人所得税。在代扣代缴税款时，也需要进行相应的会计核算处理。

（二）个人所得税会计核算关键环节

1. 编制工资计算表

根据每位员工的基本工资、岗位工资、津贴、考勤记录、奖金、社保公积金等扣款信息，计算每位员工的应发工资以及实发工资。将收集到的信息录入薪酬发放表中，确保数据的准确性和完整性。

2. 编制个人所得税扣缴报告表

根据薪酬发放表，计算每位员工应缴纳的个人所得税。编制个人所得税扣缴报告表是扣缴义务人（如企事业单位）为履行税务申报义务、向税务机关报告已扣缴个人所得税情况而进行的一项重要工作。编制个税扣缴报告时，企业需要先收集纳税人的基本信息（姓名、身份证号、联系方式等）、纳税人的收入数据（包括工资、薪金、奖金、津贴、补贴等应税收入）、专项扣除、专项附加扣除等减税信息。然后将收集到的信息逐项录入报告表中，同时为保证数据录入的准确性和完整性，确保个人所得税的计算正确无误，个税会计还要对录入的数据进行计算核对，确保与实际扣缴金额一致，特别注意核对减税项目的适用条件和金额。

3. 将工资数据表导入自然人税收管理系统（扣缴端）

税务会计编制、计算并填写工资薪金所得总额、扣缴个人所得税总额等汇总数据，然后按照税务机关的要求，将编制好的个人所得税扣缴报告表导入自然人税收管理系统（扣缴端），提交给税务机关。

4. 计提个税，生成会计凭证

根据扣缴报告表，计提每位员工应缴纳的个人所得税，生成相应的会计凭证，借记“应付职工薪酬—工资”，贷记“应交税费—应交个人所得税”，会计凭证的记录应确保与税务申报数据一致。

（三）个人所得税扣缴会计核算智能化流程

1. 初步生成个人所得税扣缴报告书

智能化系统首先会从企业的财务、人力资源等系统中收集员工的工资、奖金、津贴、补贴等收入数据，以及专项扣除、专项附加扣除等减税信息。这些数据将作为计算个人所得税的基础。利用智能化系统，根据员工的薪酬信息、社保公积金扣除情况以及其他相关税务规定，系统能够自动生成个人所得税扣缴报告书，详细列出每位员工的税务信息，包括姓名、身份证号、所得项目、应纳税所得额、税率、速算扣除数、应缴税额等，自动计算每位员工的应纳税所得额、税率、速算扣除数以及应缴税额。

2. 税务规则内嵌，比对回写

系统能够将自动生成的扣缴报告书数据自动导入自然人税收管理系统中，无须人工操作。系统中会内嵌国家及地方的税务法规，包括个人所得税的计算公式、税率、起征点、减税政策等。这些规则将用于自动计算每位员工应缴纳的个人所得税。导入后，系统会自动与税务系统中的数据进行比对，确保数据的准确性和一致性。如果发现数据不一致或存在错误，系统会提示并自动回写到扣缴报告书中，以便进行修正。

3. 自动计算税款，生成正式扣缴报告表

根据收集到的员工收入和减税信息，以及内嵌的税务规则，系统会根据计算结果自动生成正式个人所得税扣缴报告表，详细列出每位员工的收入、减税信息、应缴税款等信息，自动计算出每位员工应缴纳的个人所得税额。

4. 计提个税，生成凭证。

根据自动生成的扣缴报告表，系统能够自动计提每位员工应缴纳的个人所得税。系统能够自动生成相应的会计凭证，将代扣的个人所得税记入相应的会计科目，如“应付职工薪酬”减少和“应交税费”增加的凭证。

5. 后续步骤

系统能够自动或辅助完成个人所得税的申报和缴纳工作，确保及时、准确地完成税务义务。另外，系统会将所有相关的税务数据和凭证进行归档，以便后续查询和审计。同时，系统还能够提供数据分析功能，帮助企业了解税务状况，优化税务筹划。

个人所得税扣缴会计核算的智能化流程可以大大提高个人所得税扣缴会计核算的效率和准确性，降低税务风险，提高财务管理水平。同时，智能化系统还能够为企业提供实时的税务数据和分析，帮助企业做出更加明智的决策。

第五章 大数据时代下的财务会计创新路径

随着大数据技术的不断发展，企业数据量呈现爆炸式增长，传统的财务会计方法已经难以满足企业对于数据处理和分析的需求。在大数据时代，财务会计面临着数据处理量巨大、数据类型多样化、数据处理速度要求高、数据安全性等方面的严重挑战。面对大数据时代给财务会计带来的挑战，财务会计需要进行创新以适应新的环境和需求。通过引入大数据技术促进财务会计与信息技术的深度融合，实现技术与业务的协同创新。社会和企业需要强化数据安全管理以及培养跨界人才，调整组织架构和业务流程，以适应大数据处理和分析的需求，让财务会计可以更好地服务于企业的战略决策和经营管理。

第一节 财务会计核算与模式创新

大数据时代的财务会计核算与模式创新旨在提高财务会计核算的效率和准确性、实现实时核算与监控、提供多维度核算支持，同时推动财务会计从核算型向管理型转变、加强跨部门协同合作、利用大数据进行预测和决策。这些创新路径可以帮助企业更好地整合资源、优化流程、提高效率，从而推动企业的稳定发展。

一、财务会计核算创新

传统的财务会计核算大多依赖人工操作，而在大数据时代，通过引入自动化工具和技术，如自动化账务处理系统、智能凭证生成等，可以大幅度提高财务会计核算的效率和准确性。大数据时代，依靠大数据、云计算和人工智能等先进技术，财务核算方面呈现出许多创新亮点，如核算流程自动化、核算内容识别智能化、核算过程哑铃化、核算平台云端化等，这些创新应用给财务会计带来全新的核算处理方式。

（一）核算流程自动化

财务会计核算流程向自动化发展是一个持续演进的过程，涉及从单据获取到报表生成的全流程自动化。单据获取自动化、会计核算自动化、账表登记自动化和报表生成自动化是核算流程自动化的主要表现。财务会计核算流程向自动化发展将大大提高财务工作的效率和准确性，降低人工干预和错误，为企业创造更大的价值。同时，企业也需要关注数据安全、隐私保护等问题，确保自动化转型的可持续发展。

1. 单据获取自动化

（1）创新特点。单据获取自动化是财务会计核算流程自动化的第一步。传统的单据获取通常依赖于手工录入或扫描后由人工进行数据提取，自动化单据获取则通过 OCR、AI 扫描和智能识别等技术，自动从纸质或电子单据中提取关键信息。

（2）典型应用。OCR 技术：OCR 技术能够识别纸质单据上的文字、数字和图像，并将其转换为可编辑的文本格式，供后续会计核算使用。AI 扫描技术：AI 扫描技术能够识别电子单据中的关键信息，例如发票号码、日期、金额等，并将其自动录入财务系统中。智能识别技术：通过机器学习算法，系统能够逐渐学习并识别不同类型的单据和格式，提高自动化单据获取的准确性和效率。

2. 会计核算自动化

（1）创新特点。会计核算自动化是财务会计核算流程自动化的核心环节。通过自动化工具，企业可以自动完成记账、对账、结算等会计核算工作。

（2）典型应用。自动记账：系统能够根据单据获取自动化中提取的信息，自动生成记账凭证，并自动录入财务系统中。自动对账：通过自动化工具，系统能够自动核对银行账户和企业内部账户的信息，确保数据的一致性。自动结算：自动化工具能够根据预设的规则和条件，自动进行结算处理，例如自动支付供应商款项、自动计算员工薪资等。

3. 账表登记自动化

（1）创新特点。账表登记自动化是指通过自动化工具，自动将会计核算结果登记到相应的账表和账簿中。

（2）典型应用。自动登记账表：系统能够根据会计核算结果，自动更新和登记总账、明细账等账表，确保账目的准确性和及时性。自动生成账簿：通过自动化工具，系统可以自动生成各类账簿，如日记账、分类账等，方便企业进行财务分析和决策。

4. 报表生成自动化

（1）创新特点。报表生成自动化是财务会计核算流程自动化的最终环节。通过自动化工具，企业可以自动生成各类财务报表和分析报告。

（2）典型应用。自动生成财务报表：系统能够根据账表登记自动化的结果，自动生成资产负债表、利润表、现金流量表等财务报表，满足企业的报告需求。自动生成分析报告：通过自动化工具，系统可以利用财务数据生成各类分析报告，如财务比率分析、趋势分析等，为企业决策提供有力支持。

（二）核算内容识别智能化

在财务智能环境下，财务核算的内容可以通过多种方式实现智能化。从智能识别、智能判断、智能审核以及智能分析等方面可以实现对财务业务内容的智能化处理。智能化技术可以大大提高财务核算的效率和准确性，降低人为错误的风险，并为企业提供更加深入和全面的财务洞察。这将有助于企业在竞争激烈的市场环境中保持领先地位并实现可持续发展。

1. 智能识别

（1）创新特点。智能识别是财务智能化的基础。通过采用 OCR、NLP（自然语言处理）和机器学习等技术，系统可以自动识别和提取财务文档中的关键信息。

（2）典型应用。比如系统能够扫描发票，自动读取并识别发票号码、开票日期、金额、供应商信息等关键数据，然后将这些数据自动录入财务系统中，减少人工输入的错误和时间。

2. 智能判断

（1）创新特点。智能判断是财务智能化的核心。系统通过学习和理解财务规则、税法和业务逻辑，能够自动对财务业务内容进行判断。

（2）典型应用。例如，在应付账款处理中，系统可以根据供应商的合同条款和历史交易记录，自动判断是否需要支付款项、支付金额是否正确、支付方式是否合适等。这种智能判断不仅提高了处理效率，还降低了人为错误的风险。

3. 智能审核

（1）创新特点。智能审核是财务智能化的重要环节。通过结合规则引擎和机器学习算法，系统可以自动对财务交易进行合规性和真实性审核。

（2）典型应用。系统能够根据预设的财务规则、法规要求以及历史数据，自动检查交易是否符合规定、是否存在异常或风险。一旦发现不符合要求的情况，系统可以自动拒绝交易或发出警告，确保财务交易的合规性和准确性。

4. 智能分析

（1）创新特点。智能分析是财务智能化的高级应用。通过利用大数据分析和数据挖掘技术，系统可以对海量的财务数据进行深度分析，为企业提供有价值的洞察和预测。

（2）典型应用。系统可以分析财务指标的变化趋势、预测未来的财务状况、发现潜在的业务风险等。这些分析结果可以帮助企业更好地了解自身财务状况和市场环境，为企业的决策和战略规划提供有力支持。

（三）核算过程哑铃化

财务核算过程正在向哑铃化发展，财务核算的前端和后端的重要性逐渐突出，而中端则可能相对简化和标准化。财务核算前端、中端和后端特点及内容如下。

1. 财务核算前端

（1）创新特点。数据源多样性：前端需要处理来自多个业务部门、供应商、客户等的原始数据，这些数据格式多样，包括纸质文档、电子文档、数据库记录等。数据质量参差不齐：由于数据来源广泛，数据质量可能参差不齐，需要进行清洗和验证。实时性要求高：前端处理的数据往往需要及时录入和处理，以支持企业的日常运营和决策。

（2）典型应用。数据采集与录入：前端负责从各个渠道收集原始财务数据，如发票、合同、支付凭证等，并利用 OCR、NLP 等技术实现自动化数据录入。数据清洗与验证：对收集到的原始数据进行清洗，去除重复、错误或无关的信息，并进行初步验证，确保数据的准确性和完整性。数据初步分类与处理：对清洗后的数据进行初步分类和处理，为后续中端处理提供标准化的输入。

2. 财务核算中端

（1）创新特点。标准化处理：中端处理遵循会计准则和企业内部规定，进行标准化的记账、对账和结账等操作。合规性要求高：中端处理必须确保财务信息的合规性和一致性，以符合相关法规和企业内部要求。自动化程度高：随着技术的发展，中端处理越来越多地采用自动化工具和系统，提高处理效率。

（2）典型应用。记账处理：根据前端提供的初步处理数据，按照会计准则和企业内部规定进行记账处理，包括日常记账、期末调账等。对账与结账处理：定期与业务部门、供应商、客户等进行账目核对，确保账目的准确无误。在固定周期结束时进行结账处理，生成各类财务报表和内部报告。内部控制与审计支持：中端处理还需要支持企业的内部控制和审计活动，提供必要的财务数据和文档。

3. 财务核算后端

（1）创新特点。分析深度要求高：后端需要对中端生成的财务数据进行深入分析，发现潜在的业务规律、风险和问题。决策支持性强：后端分析的结果需要为企业的决策提供有力支持，帮助企业制定战略和规划。数据可视化需求高：为了方便管理层和业务部门理解财务数据，后端分析的结果需要以直观易懂的形式展现出来。

（2）典型应用。深度数据分析与挖掘：利用大数据分析和数据挖掘技术对中端生成的财务数据进行深入分析，发现潜在的业务规律和风险点。同时，根据分析结果提出改进建议和优化方案。财务预测与决策支持：基于历史数据和业务模型进行财务预测，为企业决策提供数据支持。数据可视化与报告制作：将复杂的财务数据和分析结果以图表、报告等形式展现出来，帮助管理层和业务部门更好地理解企业财务状况和经营成果。

（四）核算平台云端化

随着技术的发展和企业对财务管理效率的追求，财务核算平台正迅速向云端化发展。财务核算平台向云端化发展不仅提高了工作效率和灵活性，还降低了成本。随着技术的不断进步和应用的深入，云端化将成为未来财务管理的重要趋势。这种转型不仅改变了传统的财务管理方式，还为企业带来了更高的灵活性和效率。终端业务移动处理、中间业务联网处理、后台业务云服务是财务会计核算平台云端化的主要体现。

1. 终端业务移动处理

（1）创新特点。移动性：员工可以在任何地点、任何时间通过移动设备（如智能手机、平板电脑）进行财务操作，如报销审批、费用录入等。实时性：数据实时同步到云端，保证了信息的实时性和准确性。便捷性：简化了流程，提高了工作效率。

（2）典型应用。员工出差时，可以使用移动应用提交费用报销申请，并附上相关发票照片。管理者外出时也能实时审批这些申请，确保流程的高效运转。

2. 中间业务联网处理

(1) 创新特点。联网性：各部门、分支机构、供应商和客户等通过网络连接，实现数据共享和协同工作。协同性：加强了部门间的沟通和合作，提高了工作效率。标准化：通过统一的云端平台，实现了业务的标准化处理。

(2) 典型应用。供应链部门与财务部门通过云端平台实现数据共享，确保采购、库存、销售等信息的实时更新。跨地区的分支机构可以通过云端平台进行联合账务处理，提高协同效率。

3. 后台业务云服务

(1) 创新特点。弹性扩展：根据业务需求，可以灵活扩展或缩减云服务资源。高可靠性：云服务提供商通常具有高度的数据备份和恢复能力，确保数据安全。成本效益：企业无须购买和维护昂贵的硬件设备，降低了成本。

(2) 典型应用。财务数据存储在云端，实现了数据的集中管理和备份；通过云服务提供商提供的分析工具，对财务数据进行深度挖掘和分析，为决策提供有力支持。

二、财务会计模式创新

传统的财务会计模式主要是核算型，即侧重于记账、算账和报账。而在大数据时代，财务会计需要转变为管理型，即更多地参与到企业的战略决策和经营管理中，为企业提供更全面、更深入的财务信息支持。在大数据时代，财务会计不再是一个孤立的部门，而是需要与其他部门（如销售、研发、人力资源等）进行协同合作。通过整合和分析企业内、外部的大数据资源，财务会计可以为企业的战略决策和经营管理提供有力支持。

（一）财务分工专业化

随着企业规模的扩大和业务的复杂性增加，财务分工逐渐向专业化发展。这种专业化分工有助于提高财务工作的效率和质量，为企业创造更大的价值。战略财务、管理财务、业务财务和共享财务是企业财务分工向专业化发展的四个重要方面，如图 5 - 1 所示。通过这四个方面的专业化分工，企业可以优化财务资源配置，提高财务工作效率和质量，创造更大的价值。

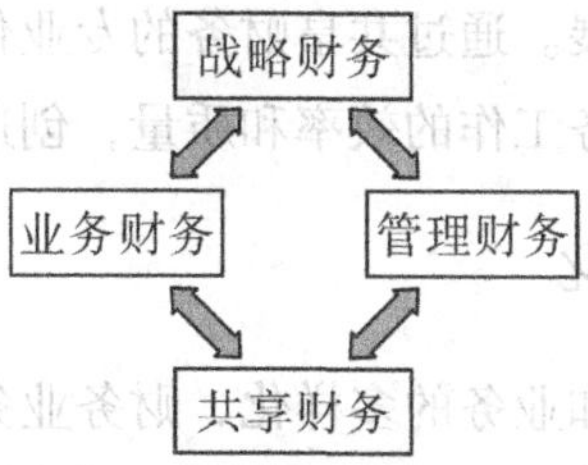

图5-1　企业财务分工向专业化发展的四个重要方面

1. 战略财务

战略财务是企业财务管理的最高层次，主要关注企业的长期发展和战略规划。战略财务的职责包括：制定企业财务管理战略，确保企业战略目标的实现；分析宏观经济和行业趋势，为企业决策提供支持；评估企业财务风险，制定风险管理策略；负责企业资本运作，如筹资、投资、并购等。通过战略财务的专业化分工，企业可以更好地把握市场机遇，实现长期发展。

2. 管理财务

管理财务是负责企业日常财务管理工作的部门，主要关注企业的财务运营和内部控制。管理财务的职责包括：制定和执行企业财务管理制度，确保企业财务活动的合规性；负责企业财务报表的编制和财务分析；监控企业预算执行情况，进行财务预测和决策分析；协调内、外部审计工作，确保企业财务信息的真实性和准确性。通过管理财务的专业化分工，企业可以优化财务流程，提高财务管理效率。

3. 业务财务

业务财务是与业务部门紧密合作的财务团队，主要关注业务活动中的财务问题。业务财务的职责包括：为业务部门提供财务支持和建议，协助业务部门制订业务计划；分析业务数据，评估业务绩效，为业务部门提供决策依据；参与业务谈判和合同签订，审核业务合同中的财务条款；监控业务预算执行情况，确保业务活动的财务合规性。通过业务财务的专业化分工，企业可以更好地将财务与业务相结合，提高业务决策的准确性和效果。

4. 共享财务

共享财务是企业通过集中化处理财务业务，实现成本节约和效率提升的一种财务管理模式。共享财务的职责包括：建立和维护财务共享服务中心，集中处理企业各项财务业务；制定和优化财务共享服务流程，提高财务处理效率；通过集中采购和标准化操作，降低财务成本；为企业提供标准化、高质量的财务服务，支持企业业务发展。通过共享财务的专业化分工，企业可以实现财务资源的优化配置，提高财务工作的效率和质量，创造更大的价值。

（二）财务业务共享化

随着企业规模的扩大和业务的多样化，财务业务逐渐向共享化发展。共享化财务业务通过集中化、标准化的处理方式，降低运营成本，提高处理效率，并为企业创造更大的价值。以下从社会财务共享、集团财务共享和商旅财务共享三个方面阐述财务业务向共享化发展的趋势。

1. 社会财务共享

社会财务共享是指将企业的财务业务委托给专业的第三方服务机构进行集中处理。这种模式的优势在于：成本节约，通过集中化处理，第三方服务机构能够利用规模效应降低单位成本，从而为企业提供更为经济的记账服务；专业性强，第三方服务机构通常拥有丰富的记账经验和专业知识，能够为企业提供高质量、合规的记账服务；灵活性高，企业可以根据自身需求调整记账服务的范围和深度，实现资源的灵活配置。通过社会共享，企业可以将烦琐的记账工作交给专业机构处理，从而专注于核心业务的发展。

2. 集团财务共享

集团财务共享是指大型企业集团通过建立财务共享服务中心，将各分子公司的财务业务进行集中处理。这种模式的优势体现在以下几个方面：标准化，通过集中化处理，集团可以实现财务流程的标准化和规范化，提高财务工作的质量和效率；风险控制，集团可以通过对分子公司的财务数据进行集中监控和分析，及时发现潜在的风险和问题，从而采取有效的风险控制措施；资源优化，通过财务共享服务中心的建立，集团可以实现对财务资源的优化配置，降低运营成本，提高整体效益。集团财务共享有助于企业集团实现财务资源的集中管理和控制，提高财务管理的透明度和效率。

3. 商旅财务共享

商旅财务共享是指企业将商旅相关的财务业务（如机票预订、酒店预订、差旅报销等）进行集中处理和管理。这种模式的优势在于：成本控制，通过集中预订和管理，企业可以获得更为优惠的商旅价格和服务，从而降低商旅成本；流程优化，通过商旅业务共享，企业可以简化商旅报销流程，提高报销效率，减少员工的时间和精力成本；风险管理，企业可以通过对商旅数据的集中分析和管理，及时发现和预防潜在的商旅风险和问题。商旅财务共享有助于企业实现商旅管理的规范化和高效化，提高员工满意度和工作效率。

（三）财务职能扩展化

随着市场竞争的加剧和企业战略的拓展，财务职能正在经历从传统的核算和监督角色向更广泛的业务领域扩展的过程。这种转变使得财务职能不再仅仅局限于处理日常的财务数据，而是更加深入地参与到企业的战略决策、业务运营和数据分析中。财务职能正在从项目业务中心、利润中心和数据中心三个方面进行转变。这种转变使得财务部门在企业中的角色和地位发生了深刻的变化，不仅提高了财务部门的工作效率和质量，也为企业的战略发展、业务运营和数据分析提供了强有力的支持。

1. 业务中心

财务职能向业务中心的转变意味着财务部门开始更加紧密地与业务部门合作，共同推动企业的业务发展。在这个过程中，财务部门通过提供财务分析、预算规划、风险评估等服务，帮助业务部门制定更加明智的决策。同时，财务部门也积极参与新业务的开拓中，为企业的战略扩张提供财务支持和建议。这种转变使财务部门成为企业业务发展的重要推动力量。

2. 利润中心

随着财务职能向利润中心的转变，财务部门开始更加关注企业的盈利能力和价值创造。财务部门不仅要确保企业的合规性和稳健性，还要通过精细化的财务管理和成本控制，提高企业的盈利能力。在这个过程中，财务部门需要密切关注市场动态和客户需求，通过数据分析和预测，为企业制定更加精准的定价策略、销售策略和成本控制策略。这种转变使财务部门成为企业盈利增长和价值创造的重要贡献者。

3. 数据中心

随着数字化和智能化技术的发展，财务职能向数据中心的转变成为趋势。财务部门通过收集、整理和分析大量的财务数据和非财务数据，为企业提供全面的数据支持。这些数据不仅有助于企业了解自身的财务状况和经营绩效，还能够揭示市场趋势、客户需求和业务机会。通过数据挖掘和分析，财务部门能够为企业的战略决策、业务创新和风险管理提供有力的数据支撑。这种转变使得财务部门成为企业的数据中心和决策支持中心。

（四）财务管理价值化

当财务管理向价值化发展时，它不再仅仅是一个记录和报告的工具，而是成为驱动企业决策和增长的重要引擎。财务管理向价值化发展体现在预算价值、控制价值、预警价值、分析价值和决策价值等多个方面。通过充分发挥财务管理的这些价值，企业可以更加高效地利用资源、控制风险、发现问题、制定决策，从而实现价值最大化。

1. 预算价值

财务预算管理能够帮助企业实现资源的优化配置和高效利用。通过制订详细的预算计划，企业可以更加精确地预测未来的收入和支出，从而合理分配资金和资源。这种预算价值不仅体现在对日常运营的规划上，还体现在对长期战略目标的支持上。通过预算，企业可以确保资金的有效利用，实现价值最大化。

2. 控制价值

财务管理在控制方面发挥着至关重要的作用。通过实时监控企业的财务状况和运营数据，财务管理可以帮助企业及时发现和解决问题，确保业务活动的正常进行。此外，财务管理还可以通过对成本和费用的控制，提高企业的盈利能力和竞争力。这种控制价值不仅体现在对日常运营的监控上，还体现在对潜在风险的预测和防范上。

3. 预警价值

通过财务分析和监控，财务管理能够为企业提供及时的预警信号。这些预警信号可以帮助企业预测潜在的风险和问题，从而采取相应的措施进行防范和应对。例如，通过对财务指标的分析，财务管理可以发现企业的盈利能力下降或负债水平上升等潜在问题，并及时提醒管理层进行干预和调整。这种预警价值有助于企业提前发现并解决问题，避免损失扩大。

4. 分析价值

财务管理在数据分析方面发挥着重要作用。通过对财务数据和业务数据的深入分析，财务管理可以帮助企业了解自身的运营状况和市场环境，从而制定更加明智的决策。这种分析价值不仅体现在对过去数据的回顾和总结上，还体现在对未来趋势的预测和规划上。通过财务数据分析，企业可以发现潜在的市场机会和竞争优势，为企业的战略发展提供支持。

5. 决策价值

财务管理的最终目标是支持企业的决策。通过提供准确、及时的财务信息和分析结果，财务管理可以帮助企业制定更加明智的决策。这些决策可能涉及投资、融资、并购、扩张等方面。财务管理通过提供决策相关的财务数据和指标，帮助管理层评估不同方案的风险和收益，从而做出更加明智的决策。这种决策价值体现在对企业战略方向和未来发展的指导上。

第二节　财务会计技术和业务创新

大数据时代，RPA、云计算、大数据、人工智能、区块链等技术为财务会计技术和业务创新带来了革命性的变革。通过引入自动化账务处理、智能财务分析和云端化财务管理等技术手段，可以大幅度提高财务工作效率和准确性。同时，通过智能财务咨询、财务决策支持和智能风险管理等业务创新，可以为企业提供更加个性化、全面和深入的财务服务，推动企业的持续发展和创新。

一、基于 RPA 的会计业务创新

RPA（Robotic Process Automation），即机器人流程自动化，是一种基于软件机器人技术的新型 IT 技术。它允许通过配置自动化软件（也叫“机器人”）来模拟人类与软件系统中的交互动作，从而执行业务流程。RPA 机器人在应用程序界面上识别数据，并像人类一样操纵应用程序和规则，与其他系统交互，根据需要执行各种重复性任务。

（一）RPA 技术特点

RPA 技术的应用场景非常广泛，包括自动化数据录入、自动化账单处理、自动化客户服务等。此外，RPA 还可以与其他自动化技术（如 AI 自动化、BPM 自动化、IT 自动化等）结合使用，以进一步提高企业的业务效率和准确性。RPA 技术是一种强大的技术，可以帮助企业自动化重复性、烦琐的工作流程，提高工作效率和准确性，节省成本，增强数据安全性。随着数字化转型的加速推进，RPA 技术的应用前景将越来越广阔。RPA 技术的优势主要包括以下几点。

1. 提高工作效率

RPA 可以自动化重复性、烦琐的工作流程，从而节省时间和精力，提高工作效率。

2. 提高准确性

RPA 由于是基于软件的自动化技术，可以避免人为的错误和疏漏，提高工作的准确性。

3. 节省成本

RPA可以帮助企业节省人力和时间成本，减少错误率和重复劳动，从而降低成本。

4. 增强数据安全性

RPA可以通过自动化的方式来处理敏感数据，减少人为的错误和泄漏风险，增强数据安全性。

（二）RPA技术在财务会计中的应用

RPA机器人能以高于人工的精确度，实现24小时全时段工作，帮助财务人员降低运营成本，提高数据的质量与一致性，优化分析水平。RPA在财务领域应用广泛，能够协助企业高效、高质地完成一系列相关工作，包括内部往来业务核对、费用报销自动处理、资金业务会计处理、发票业务识别处理等诸多方面。

1. 内部往来业务核对

RPA机器人可以登入ERP系统导出各家公司的内部往来明细，自动执行内部往来核对的工作。核对结束后，将不符的差异点反馈至财务人员，转为人工判断不符的原因。

2. 费用报销自动处理

RPA可以自动处理员工的费用报销申请，包括自动验证发票、自动计算报销金额、自动生成报销凭证等，大大提高了费用报销处理的效率和准确性。

3. 资金业务会计处理

RPA可以根据自动导出的银行流水，自动筛选出内部关联方的往来流水信息。然后登入ERP系统，根据筛选出的往来信息，自动填制资金调拨单。再根据预设的往来分录模板，自动生成资金往来的会计凭证。

4. 发票业务识别处理

RPA机器人可以自动从电子邮件或其他系统中抓取发票，利用OCR技术读取发票上的信息，并在财务系统中自动创建和更新发票记录。这大大减少了手动输入导致的错误，并提高了发票处理的效率。

5. 销售订单自动审核

部分公司财务需对销售订单进行审核，包括价格、披露订单毛利情况等。这些内容都是可标准化的规则，因此可以使用RPA财务机器人来代替人工进行审核。

6. 收入业务核算管理

RPA 机器人可以自动导出金税系统的开票明细，同步导出 ERP 系统中的销售数据，然后比对开票明细与系统数据是否一致。确认一致后，RPA 机器人会自动在系统生成单据和凭证。

7. 应收账款对账管理

RPA 机器人可以在 ERP 系统中自动导出销售数据，按照既定的规则计算应收对账数据，并在预设的对账单模板中自动填列，形成完整的对账单。之后，RPA 机器人可以自动打印或通过电子邮件发送对账单至客户的邮箱，后续人员只需跟踪客户的回函情况即可。RPA 可以帮助财务团队自动化应收账款的处理过程，包括从客户那里接收付款、更新收款状态、发送收款确认等。通过自动化这个过程，可以大大提高效率，减少错误，并确保收款及时准确。

8. 财务报告自动生成

RPA 可以根据预设的规则和模板，自动从多个系统中抓取数据，生成财务报告，包括资产负债表、利润表、现金流量表等。自动化生成财务报告可以大大提高报告的准确性和一致性，同时减少人工错误。当存在异构系统时，系统无法完成合并报表和附注编制。此时，RPA 机器人可以代替人工，完成线下合并报表和报表附注的编制工作，但需要预先设置好合并报表中合并抵消和附注的取数和计算逻辑。

二、基于云计算的会计业务创新

云计算（Cloud Computing）是分布式计算的一种，指的是通过网络“云”将巨大的数据计算处理程序分解成无数个小程序，然后，通过多部服务器组成的系统处理和分析这些小程序得到结果并返回给用户。云计算最基本的概念是透过网络将庞大的计算处理程序自动分拆成无数个较小的子程序，再交由多部服务器所组成的庞大系统，经搜寻、计算分析之后将处理结果回传给用户。

（一）云计算的基本特征

通过云计算这项技术，网络服务提供者可以在数秒之内，处理数以千万计甚至亿计的信息，达到和“超级计算机”同样强大效能的网络服务。云计算的基本特征包括如下几个方面。

1. 按需自服务

用户可根据自己的需要而获得计算资源，如服务器、存储等，不需要与资源提供者进行人的交互。

2. 广泛的网络访问

用户可以通过网络在任何地点以任何方式来访问云服务。

3. 资源共享

提供者的计算资源形成一个资源池，采用多租赁模式为多用户提供服务。目前主要包括三种服务：基础设施即服务（IaaS）、平台即服务（PaaS）、软件即服务（SaaS）。

（二）云计算在财务会计中的应用

云计算可以为财务会计提供诸如电子影像服务、云端作业平台、移动财务管理等场景，这些应用展示了云计算在财务会计领域的广泛潜力和价值，为企业提供了更加高效、智能和可靠的财务管理解决方案。随着技术的不断发展和创新，云计算在财务会计领域的应用还将继续深化和拓展。

1. 提供电子影像服务

云计算还可以提供电子影像服务，使企业可以将各种会计凭据、文本合同和相关的人事信息等资料进行扫描上传。企业的高级管理层可以在线及时确认、审核、审批这些资料，大大提高了数据采集、传递、审批等流程的效率。

2. 提供云端作业平台

云计算可以根据实际需求提供灵活的计算资源，满足会计工作中的大数据分析、财务模型建立、报表生成等需求。这避免了传统的硬件设备投资和闲置资源的浪费。

3. 支持移动财务管理

云计算使财务会计工作不再局限于固定的办公地点。通过移动设备，企业可以随时随地进行财务管理和决策，提高了工作的灵活性和便利性。

4. 支持国际结算业务

对于拥有跨国业务的企业来说，云计算可以提供一个集中、统一的财务管理平台，支持多币种、多税务、多会计准则等复杂需求。这有助于企业更好地管理全球范围内的财务活动，提高国际化业务的效率和合规性。

5. 保障财务数据安全

云计算提供了强大的数据备份和恢复功能，确保财务会计数据的安全性和可靠性。即使发生硬件故障或灾难性事件，企业也可以迅速恢复数据，保证业务的连续性。

6. 构建云会计教育平台

对于会计从业人员而言，可以利用云计算构建云会计教育平台，使会计从业人员能够提高计算、金融、实际业务操作的能力，这有助于培养会计从业人员的综合能力。

三、基于大数据的会计业务创新

大数据技术是指从各种类型的数据中快速获取有价值信息的技术。随着数据量的不断增长，传统数据处理技术已无法满足需求，大数据技术应运而生。其核心技术包括大规模并行处理（MPP）、数据库、数据挖掘、分布式数据库、云计算平台等。

（一）大数据技术特点

大数据处理过程包括大数据采集、大数据预处理、大数据存储及管理、大数据分析及挖掘、大数据展示等环节。大数据技术的目标是帮助人们更好地存储和管理大数据，并从大体量、高复杂的数据中提取价值。大数据技术的优势主要体现在以下几个方面。

1. 处理海量数据

大数据技术能够处理庞大的数据量，包括结构化、半结构化和非结构化数据。通过分布式存储和计算，大数据技术可以有效地处理和分析海量数据，提取有价值的信息。

2. 提高数据处理效率

大数据技术采用并行处理和分布式计算的方式，可以显著提高数据处理效率。这使企业能够更快地获取分析结果，从而更快地做出决策。

3. 挖掘数据价值

大数据技术通过数据挖掘和分析，可以从海量数据中发现隐藏的价值和规律。这些有价值的信息可以帮助企业更好地了解市场和客户需求，优化产品和服务。

4. 支持实时分析

大数据技术可以支持实时数据分析和计算，使企业能够及时获取最新的市场信息和客户反馈。这有助于企业更好地应对市场变化，提高竞争力。

5. 提高决策准确性

基于大数据技术的决策支持系统可以为企业提供更为准确和全面的信息，

帮助企业做出更为科学的决策。这可以降低决策风险，提高决策成功率。

6. 优化资源配置

大数据技术可以通过分析历史数据和预测未来趋势，帮助企业更好地优化资源配置。这包括人力资源、物资资源、资金资源等，可以提高企业的运营效率和降低成本。

（二）大数据技术在财务会计中的应用

大数据技术在会计处理中的应用已经渗透到各个环节和方面，为企业提供了更加高效、准确和智能的会计处理解决方案。在大数据技术的背景下，会计处理的典型业务主要包括以下六个方面。

1. 业务管理

大数据技术可以从多个数据源中采集数据，如企业的ERP系统、CRM系统、电子商务平台等，并对这些数据进行有效的清洗和整理，去除重复、错误或不完整的数据，确保数据的准确性和一致性。例如：某大型零售企业采用大数据技术，实现了自动化财务处理。通过整合企业内部的各个数据源，包括销售数据、库存数据、采购数据等，大数据技术能够自动进行凭证生成、账目核算、报表生成等工作。

2. 资金管控

利用大数据技术，企业可以实时监控资金的流入、流出情况，包括现金流量的预测、资金缺口的预警等，从而更加精准地进行资金调度和管理，确保企业的资金安全。

3. 预算管理

大数据技术可以帮助企业实现预算的自动化编制、审批、执行和监控。通过对历史数据的分析，企业可以制定更加科学、合理的预算，并对预算执行情况进行实时监控，及时调整预算策略。

4. 风险管理

大数据技术可以帮助企业识别和评估潜在的财务风险，如欺诈行为、信贷风险等。通过对大量数据的深度分析和挖掘，企业可以发现异常交易、识别潜在风险客户，及时采取措施进行风险防范和控制。例如：一家金融机构利用大数据技术，建立了一套风险预警与防控系统。该系统可以实时监控企业的交易数据、客户数据等，通过数据分析和挖掘，发现异常交易和潜在风险。一旦发现异常情况，系统会立即发出预警，并自动采取相应的防控措施，如限制交易、冻结账户等，从而有效避免或减少财务风险的发生。

5. 信用管理

大数据技术可以帮助企业建立客户信用评价体系，通过对客户的交易数据、履约情况等进行深度分析和挖掘，评估客户的信用风险等级，为企业制定更加精准的信用制度和销售策略提供依据。例如：一家电商平台利用大数据技术，建立了客户信用评估体系。通过对客户的交易数据、评价数据等进行深度分析和挖掘，大数据技术能够评估客户的信用等级和履约能力。这为企业在制定销售策略、控制信用风险等方面提供了有力支持。

6. 报表出具

大数据技术可以帮助企业自动化生成各类管理报表，如资产负债表、利润表、现金流量表等。这些报表可以实时反映企业的财务状况和经营成果，为企业的决策提供有力支持，例如：可以利用大数据技术对公司的成本结构、盈利能力、现金流量等进行分析，以支持预算编制、成本控制和绩效评估等。

四、基于人工智能的会计业务创新

人工智能是一门基于计算机科学、生物学、心理学、神经科学、数学和哲学等学科的科学和技术。它旨在通过模拟、延伸和扩展人的智能，让计算机像人类一样思考和做出反应。人工智能涉及多个领域，如机器学习、计算机视觉、自然语言处理、专家系统等，目标是让计算机具有像人类一样的思维和行为能力。

（一）人工智能特点

人工智能可以模拟人的意识、思维信息处理过程，但并不是人的智能，它能够像人那样思考，甚至超过人的智能。通过学习和训练，人工智能可以完成一定的任务，如语音识别、图像识别、自然语言处理、智能推荐等。人工智能已经广泛应用于多个领域，包括智能交通、智能医疗、智能金融、智能家居、智能教育、智能安防、智能制造等。随着技术的不断发展，人工智能将会在更多的领域得到应用，为人类的生产和生活带来更多的便利和效益。人工智能的特点主要包括以下七个方面。

1. 自主学习和适应能力

人工智能能够根据不断增加的数据进行自主学习，调整自身的算法模型，从而具备更强的适应能力。例如，机器学习技术的广泛应用就是人工智能学习与掌握新知识的重要方式。

2. 高效的数据处理能力

人工智能可以处理大量的数据，进行快速、准确的信息抽取、分类、挖掘和分析，有助于用户进行各种决策。

3. 决策能力和自主规划能力

人工智能可以基于先前获得的知识和信息，自主进行推理和决策，提供更高效的解决方案。例如，在游戏领域，人工智能可以通过自主规划和决策，智能地攻击、防御或逃跑。

4. 跨领域的应用能力

人工智能被广泛应用于医疗、金融、游戏、物流、教育、智能家居等领域，显示出其跨领域的应用潜力。

5. 人机交互与自然语言处理能力

人工智能可以通过人机交互方式，如语音识别、音频识别、视觉交互等，更好地与人类沟通和交互。此外，人工智能还具有自然语言处理能力，可以根据人类的自然语言输入，完成自然语言分析、语义理解等工作。

6. 自动化和智能化的特点

人工智能可以实现机器的自动化和智能化。例如，机器人可以通过人工智能控制完成物品搬运、监控、巡检等工作，从而减轻人类劳动强度。

7. 保密性和安全性

在人工智能中，保密性和安全性是非常重要的。人工智能需要在保证数据完整性和隐私性的前提下，进行数据交互和应用。例如，在银行和医疗领域，人工智能必须保障数据的安全性，防止数据泄漏、篡改等问题。

此外，人工智能还具有智能化、自适应性、快速处理以及普适性等特点。智能化是指其具有自主学习、推理、解决问题能力的特征；自适应性是指人工智能可根据环境和任务的变化进行自主调整和改进；快速处理则是指人工智能可以更快速、准确地处理大规模数据；普适性则是指人工智能可以被广泛应用于各个领域。

（二）人工智能技术在财务会计中的应用

人工智能技术在会计中的应用正在迅速增长，极大地改变了传统会计的工作方式和效率，人工智能技术在会计中可以提供诸如自动账务处理、智能财务助手等一些主要应用。这些实例展示了人工智能技术在会计核算中的具体应用，通过自动化、智能化和数据分析等技术手段，提高了会计核算的效率和准确性，为企业提供了更好的财务管理支持。随着技术的不断发展，人工智能技术在会计核算中的应用还将进一步扩展和优化。

1. 自动账务处理

人工智能技术可以通过自动化账务处理系统，如自动记账平台，来处理日常的会计事务。通过编程会计准则和规定，GPT（Generative Pre-Trained）可以自动识别和解析财务文件，并进行相应的会计处理和记录。这大大节省了时间和人力成本，提高了会计工作的效率。

2. 智能财务助手

一些会计软件或平台提供了智能财务助手的功能，通过人工智能技术，能够理解会计从业人员的语音指令或文字输入，自动完成记账、核算、报表生成等任务。这种智能助手可以帮助会计从业人员快速完成烦琐的日常工作，提高工作效率。

3. 智能分类整理

在会计核算中，需要对大量的财务信息进行分类和整理。人工智能技术可以通过机器学习和自然语言处理等技术，对财务信息进行智能化分类和整理，自动将相似的交易归类到一起，并提取关键信息，使会计从业人员可以更加便捷地获取所需的财务数据。

4. 税务智能申报

人工智能技术可以帮助企业自动化处理税务相关的事务，如自动计算和缴纳税款、生成税务报告等，从而减少因人为错误而产生的税务风险。同时，人工智能技术还可以为企业提供税务优化的建议，帮助企业降低税负。

5. 智能财务分析

人工智能技术可以利用机器学习算法对大量的财务数据进行深度分析，帮助用户识别趋势、预测未来，并做出更明智的决策。这种智能分析可以涵盖多个维度，如收入、支出、利润等，以及跨部门和跨地域的数据整合。

6. 智能风险预警

人工智能技术还可以应用于会计核算中的风险预警。通过对历史财务数据的分析和学习，人工智能技术可以发现潜在的财务风险，如欺诈行为、坏账风险等，并及时向会计从业人员发出预警，帮助企业及时应对风险。

7. 财务风险管理

以大量的财务数据分析作为训练，GPT 可以识别出各种财务风险的指标和特征。利用这些指标和特征，GPT 可以预测潜在的财务风险，并提供相应的风险管理建议。GPT 还可以实时监测财务数据，并根据预设的风险指标和规则进行预警，帮助企业及时采取相应的措施，降低财务风险的发生和影响。

五、基于区块链的会计业务创新

区块链技术，也被称为分布式账本技术，是一种基于去中心化、去信任化，完整且动态一致、不可篡改，多方参与和监督维护的分布式数据库。它允许网络中的参与者在不需要中心化信任机构的情况下进行安全、可追溯、不可篡改的数据交换和传输。

（一）区块链技术特点

区块链技术被广泛应用于数字货币、供应链管理、电子投票、身份验证等领域。它可以提高数据的安全性、可追溯性和透明度，降低交易成本，提高效率，具有重要的应用价值和发展前景。区块链技术的主要特点包括以下几个方面。

1. 去中心化

区块链技术采用分布式账本，没有中心化的管理机构或服务器，每个节点都有完整的账本副本，保证了数据的去中心化和抗篡改性。

2. 安全性

区块链使用密码学算法（如哈希函数、非对称加密等）确保数据传输和访问的安全，同时各个节点之间的数据交换需要通过共识算法进行验证，防止了双重支付和欺诈行为。

3. 可追溯性

区块链上的每个数据块都包含时间戳和前一个数据块的哈希值，形成了一条不可篡改的数据链，可以追溯到每个数据块的来源和变更历史。

4. 透明性

区块链上的数据是公开透明的，任何节点都可以查看和验证账本内容，保证了数据的公开性和透明度。

（二）区块链技术在财务会计中的应用

区块链技术应用于会计行业，可以确保会计计量和记录的真实性、及时性、准确性与可靠性，降低了会计舞弊风险，在一定程度上有效解决了会计信息造假的问题，提高了会计信息质量。区块链技术在会计中的应用主要体现在以下几个方面。

1. 票据信息实时互联

利用区块链的巨大自动化潜力，企业可以实现支付和发票的重大创新，以及实时核算。区块链技术可以将发票、付款和会计合并在一起同时进行，从而减轻工作负担，也能解决平衡账户、跟踪账户责任和其他会计职能等方面的问题。

2. 资产管理实时追踪

传统的资产追踪可能涉及多个数据库和中介，导致数据不一致和延迟。但区块链技术提供了一个去中心化的、不可篡改的记录系统，使资产的所有权和交易历史可以被实时追踪与验证。例如，一个公司可以使用区块链技术来追踪其库存，确保在供应链的各个环节中都能准确掌握库存的数量和位置。

3. 发票支付自动处理

通过区块链技术，可以实现发票和支付的自动化处理，大大减少了手动输入和核对的工作量。例如，当一笔交易发生时，区块链可以自动生成一个包含所有必要信息的发票，并将其发送到相关的支付系统进行处理。这不仅提高了效率，还减少了错误发生的可能性。

4. 高效跨境支付结算

区块链技术可以简化跨境支付和结算的过程，减少中间环节和成本。由于区块链的去中心化特性，跨境交易可以更加快速和高效地进行，并且减少了因中介机构而产生的费用。这对于跨国公司和全球化企业来说是一个重要的优势。

5. 智能合约自动支付

区块链技术中的智能合约是一种自动执行的合同，可以在满足特定条件时自动执行付款或其他操作。在会计领域，智能合约可以用于自动化的发票支付、工资支付、供应商付款等。这不仅减少了人工操作的错误和延迟，还提高了支付效率和准确性。

6. 税务业务协同互通

通过构建基于区块链技术的税务生态，可以实现税务部门与多个相关方（如纳税人、金融机构等）的协同工作。这种生态可以应用于不动产交易、纳税信用等级评定、社保费征收、税收凭证开具、税收减免优惠、跨域通办等涉及多个相关方参与的税收业务中。通过区块链技术，企业可以打造更为安全、成熟、可靠、开放的部门协作办事模式，提高税务工作的效率和准确性。

7. 财务报告实时生成

传统的财务报告通常是定期发布的，而区块链技术可以实现实时的财务报告。所有的交易和变动都会被记录在区块链上，并且可以被实时查看和验证，因此公司可以更加及时地发布财务报告，为投资者和其他利益相关者提供实时的财务信息。

第三节 财务会计内部控制创新

在大数据环境下，企业的财务数据量剧增，且数据的来源和类型多样化，传统的内部控制流程可能在大数据环境下显得烦琐和低效，这需要根据大数据的特点，对内部控制流程进行优化和重构，借助先进的技术和工具来提高效率和准确性，内部控制体系也必须具备强大的风险评估能力，以及时识别和评估各类财务风险。

在大数据时代，企业的各个部门都产生了大量的数据，内部控制也不再只是财务部门的职责，而是需要各个部门的共同参与和协同。随着大数据技术的不断发展，内部控制人员需要具备更高的素质和能力来应对新的挑战。企业需要加强对内部控制人员的培训和教育，提升他们的专业技能和数据分析能力，确保他们能够胜任大数据环境下的内部控制工作。

一、大数据时代财务会计内控特点

大数据时代为财务会计内部控制带来了许多创新的机会。这些创新不仅提高了财务会计内部控制的效率和准确性，还有助于企业更好地管理风险，保障资产的安全和完整。然而，随着大数据技术的不断发展和应用，企业也需要不断学习和适应新的技术和环境，以确保内部控制的有效性。

（一）智能性

大数据和人工智能技术的结合，使许多传统的手动内部控制任务可以自动化完成。例如，通过设置自动化规则，系统可以实时监控交易数据，并在发现异常时自动报警。这大大提高了内部控制的效率和准确性。

（二）及时性

大数据处理和分析技术使实时监控成为可能。企业可以实时收集和分析各种财务数据，包括交易数据、账户余额、预算执行等，以便及时发现并处理任何可能的风险或问题。通过大数据分析，企业可以建立风险预测模型，预测未来可能出现的风险和问题。这有助于企业提前采取措施，防止潜在的风险变为实际的损失。

（三）安全性

在大数据时代，数据安全和隐私保护成为内部控制的重要组成部分。企业需要采用先进的技术和管理措施，确保数据的安全性和完整性，防止数据泄漏和滥用。大数据技术可以帮助审计师更全面地分析企业的内部控制系统，包括控制环境、风险评估、控制活动、信息与沟通以及监督等要素。这有助于提高审计的效率和效果，确保内部控制的有效性。

二、大数据时代下的财务会计内控创新

在大数据时代，数据已经成为企业的重要资产，传统的内部控制流程可能无法满足大数据环境下的需求。企业应充分利用大数据技术、AI 技术、云计算技术等为内部控制提供强大的技术支持，对财务数据和其他相关数据进行深入挖掘和分析，减少人工干预，降低错误率，识别和评估潜在的财务风险。通过构建风险预测模型，企业可以实时监控财务状况，及时发现异常和潜在风险，从而采取相应的控制措施。

（一）大数据驱动财务会计内控提质

财务会计内部控制可以利用大数据技术来提升效率、准确性和风险管理能力。通过充分利用大数据技术，财务会计内部控制可以更加高效、准确地执行各项任务，及时发现并应对潜在风险，为企业创造更大的价值。

1. 数据收集与整合

利用大数据工具收集各种来源的财务数据，包括交易记录、账户信息、预算执行情况等。整合不同系统和平台的数据，确保数据的完整性和一致性。

2. 实时监控与风险识别

通过大数据分析技术，实时监控财务交易和流程，及时发现异常或可疑活

动。利用机器学习算法和模式识别技术，识别潜在的财务风险和欺诈行为。

3. 预测分析与风险评估

运用预测模型对历史数据进行分析，预测未来的财务趋势和风险点。结合企业内、外部环境因素，评估潜在风险对企业的影响，并制定相应的应对措施。

4. 自动化控制与流程优化

利用大数据技术自动化执行内部控制任务，如自动化审批流程、自动检查交易合规性等。分析流程数据，发现瓶颈和低效环节，优化财务流程，提高工作效率。

5. 数据可视化与决策支持

利用可视化工具将复杂财务数据转化为直观的图表和报告，帮助管理层更好地理解财务状况和风险情况。提供基于数据的决策支持，确保决策的科学性和合理性。

6. 数据安全与隐私保护

采用先进的数据加密和访问控制技术，确保财务数据的安全存储和传输。遵守相关法律法规和行业标准，保护用户隐私和数据安全。

7. 持续学习与改进

定期评估大数据技术在财务会计内部控制中的应用效果，总结经验教训并持续改进。关注行业动态和技术发展趋势，及时引入新的技术和方法以提升内部控制水平。

（二）AI技术促进财务会计内容增效

财务会计内部控制可以利用人工智能技术来进一步提升效率、准确性和风险管理能力。通过充分利用人工智能技术，财务会计内部控制可以实现更高效、更智能的管理，为企业创造更大的价值并降低潜在风险。然而，在引入人工智能技术时，企业也应考虑到数据安全、隐私保护以及技术的局限性等因素，并确保在合法合规的前提下使用这些技术。

1. 自动化流程与智能审核

利用人工智能技术自动化财务流程，如自动化审批、自动化记账等，减少人为错误，提高工作效率。使用智能审核系统对财务报表和交易进行自动检查，识别异常或不合规的交易，并及时提醒相关人员。

2. 风险识别与预测分析

应用机器学习算法，利用历史财务数据进行训练，以此建立风险识别模型，用于实时监测和识别潜在的财务风险。结合预测分析技术，预测未来的财务趋势和潜在风险点，为管理层提供决策支持。

3. 智能数据分析与可视化

利用人工智能技术对大量财务数据进行深度分析，提取有价值的信息和洞察。结合可视化工具，将复杂数据转化为直观的图表和报告，帮助管理层更好地理解财务状况和风险情况。

4. 自动化内部控制测试

利用人工智能技术自动化执行内部控制测试，确保内部控制的有效性。通过自动化测试，及时发现内部控制的缺陷和漏洞，并采取相应的补救措施。

5. 智能合规性监控

利用人工智能技术监控财务活动的合规性，确保企业遵守相关法律法规和行业标准。设置智能警报系统，一旦检测到违规行为或潜在风险，立即通知相关人员采取行动。

6. 持续学习与模型优化

定期评估人工智能模型在财务会计内部控制中的应用效果，并根据实际情况进行调整和优化。关注行业动态和技术发展趋势，及时引入新的算法和模型以提升内部控制水平。

7. 人机协作与培训

人工智能技术虽然能够自动化许多任务，但仍然需要人类的监督和干预。因此，建立人机协作的机制至关重要。企业应提供相关培训和支持，确保财务人员了解并能够与人工智能系统有效合作，共同提升内部控制的效果。

（三）云计算保障财务会计内控安全

财务会计内部控制可以利用云计算来提升效率、增强数据的安全性和可访问性，并实现更灵活的内部控制管理。云计算在财务会计内部控制中的一些应用建议如下。

1. 数据存储与共享

利用云计算的存储服务，实现财务数据的集中存储和高效管理。这不仅可以确保数据的安全性和完整性，还能方便多人协同工作和数据共享。通过设置适当的访问权限和加密措施，确保只有授权人员能够访问敏感数据，从而强化数据的安全性。

2. 软件即服务（SaaS）应用

采用基于云计算的财务软件，无须在本地安装和维护复杂的软件系统，只需通过云平台即可轻松使用各种财务功能。这种模式可以降低企业的 IT 成本，同时确保软件的及时更新和安全性，从而提升内部控制的效率。

3. 实时数据处理与监控

利用云计算强大的数据处理能力，对财务数据进行实时处理和分析，帮助企业及时发现异常交易或潜在风险。结合实时监控功能，确保内部控制活动的持续性和有效性，降低财务风险。

4. 灵活的审计与合规性检查

通过云计算平台，内部审计人员可以随时访问相关数据并进行审计，无须等待数据下载或传输，提高审计效率。云计算还可以帮助企业更轻松地遵守各种财务法律法规和合规性要求，如自动保留和归档必要的财务数据以供未来审计。

5. 协作与沟通

利用云计算的协作工具，促进企业内部各部门之间的沟通和协作，确保财务信息的准确性和一致性。通过云平台，企业还可以更方便地与外部利益相关者（如投资者、监管机构等）共享财务信息，提高信息透明度和信任度。

6. 灾难恢复与业务连续性

云计算提供商通常提供强大的灾难恢复服务，确保在意外情况下财务数据的完整性和可访问性。这有助于企业在面临突发事件时快速恢复业务，减少潜在损失。

7. 持续更新与适应性

由于云计算不断发展和更新，企业可以持续获得最新的技术和功能，以适应不断变化的内部控制需求。企业应保持与云计算提供商的沟通合作，确保内部控制系统与云计算平台的良好集成和适应性。

三、大数据时代下的财务会计内控建设

在大数据时代，财务会计内控建设需要适应新的技术和环境，以确保财务信息的准确性、完整性和安全性。大数据时代下的财务会计内控建设需要从多个方面入手，包括完善内部控制环境、强化风险评估管理、优化内部控制活动、加强信息沟通与监督以及持续改进与创新。通过综合运用大数据技术和现代管理方法，企业可以建立更加科学、高效和灵活的财务会计内部控制体系，为企业的稳健发展提供有力保障。

（一）完善内部控制环境

完善企业财务会计内控环境需要从提升数据意识和数据素养、加强数据保护和信息安全、优化内控组织架构和流程、强化内部监督和评估、加强与外部机构的合作与沟通以及持续投入和更新内控技术等多个方面入手。

1. 提升数据意识和数据素养

企业应加强对员工的数据意识培训，让员工充分认识到数据在财务会计内控中的重要性。同时，提高员工的数据素养，使他们具备基本的数据处理和分析能力，能够更好地利用大数据技术进行内控工作。

2. 加强数据保护和信息安全

在大数据时代，数据安全和隐私保护成为越来越重要的问题。企业应建立完善的数据保护机制，确保财务数据的机密性、完整性和可用性。加强信息安全管理，采用先进的安全技术和措施，防范数据泄漏、篡改等风险。

3. 优化内控组织架构和流程

在大数据环境下，企业应优化内控组织架构和流程，使其更加高效、灵活和适应变化。明确各部门和岗位的职责和权限，建立清晰的决策和审批流程，确保内控工作的有效实施。

4. 强化内部监督和评估

企业应建立健全内部监督和评估机制，对内控工作进行定期的检查和评估。通过内部审计、风险评估等方式，发现内控漏洞和问题，及时采取整改措施，确保内控工作的持续改进和提升。

5. 加强与外部机构的合作与沟通

企业应积极与外部机构如监管机构、审计机构等建立良好的合作关系，共同推动财务会计内控的完善和提升。加强与外部机构的沟通与交流，及时了解行业动态和政策变化，为企业内控工作提供有力支持。

6. 持续投入和更新内控技术

企业应持续投入和更新内控技术，引入先进的内控技术和工具，提高内控效率和准确性。关注新兴技术的发展趋势，如人工智能、区块链等，探索将其应用于内控领域的方法，为企业内控工作注入新的动力。

（二）强化风险评估管理

在大数据时代背景下，强化企业财务风险评估管理需要建立健全风险评估机制、利用大数据技术进行风险分析、完善风险管理制度、强化风险应对措施、加强风险监控与报告以及培养风险管理人才等多方面的努力。这些措施将有助于企业在大数据时代背景下更好地应对财务风险挑战，保障企业的稳健运营和发展。

1. 建立健全风险评估机制

设立专门的风险评估团队：组建由财务、审计、业务等相关领域专家组成的风险评估团队，负责全面监控和评估企业的财务风险。定期评估与动态监控：定期进行财务风险评估，同时建立动态监控机制，实时跟踪和识别潜在风险。

2. 利用大数据技术进行风险分析

数据收集与整合：收集企业内、外部的各类财务数据和非财务数据，整合形成全面、多维度的数据集。数据分析与建模：利用大数据分析工具和技术，如机器学习、数据挖掘等，对数据进行深入分析，构建财务风险预测模型。

3. 完善风险管理制度

制定风险管理政策和流程：明确风险管理的目标、原则、方法和程序，确保风险管理工作有章可循。建立风险管理责任体系：明确各级领导和员工的风险管理职责，形成全员参与、齐抓共管的风险管理格局。

4. 强化风险应对措施

制定风险应对策略：根据风险评估结果，制定相应的风险应对策略，如风险规避、风险降低、风险转移等。建立风险应对预案：针对可能出现的重大财务风险，制定详细的应对预案，确保在风险发生时能够及时、有效地应对。

5. 加强风险监控与报告

建立风险监控体系：通过设立风险监控指标和阈值，实时监控财务风险的变化情况，确保风险在可控范围内。定期报告风险状况：定期向上级管理层和相关部门报告财务风险评估结果和应对措施的执行情况，为决策提供参考。

6. 培养风险管理人才

加强风险管理培训：定期开展风险管理培训活动，提高员工的风险意识和风险管理能力。引进风险管理专业人才：积极引进具有丰富经验和专业技能的风险管理人才，为企业风险管理提供有力支持。

（三）优化内部控制活动

在大数据时代，优化企业内部控制活动需要充分利用数据资源和技术手段。通过建立数据驱动的内控体系、促进内控活动与业务发展的融合、强化内控流程的数字化和自动化、加强内控活动的监督与评估以及提升内控人员的专业能力和素质等措施，企业可以优化内部控制相关活动，提高内控效率和准确性，保障企业的稳健运营和发展。

1. 建立数据驱动的内控体系

利用大数据技术收集、整合和分析企业内外的各类数据，包括财务数据、业务数据、市场数据等，为内控体系提供数据支持。建立基于数据分析的内控模型和风险评估机制，实现对企业运营风险的实时监控和预警。

2. 促进内控活动与业务发展的融合

将内控活动与企业的业务发展紧密结合，确保内控活动能够支持业务目标的实现。鼓励内控人员参与业务决策和战略规划过程，提供风险管理和内控方面的专业建议。

3. 强化内控流程的数字化和自动化

对传统的内控流程进行数字化改造，利用信息技术手段实现内控流程的自动化处理。引入智能工具和机器人技术，如自动化审计系统、内控机器人等，提高内控流程的执行效率和准确性。

4. 加强内控活动的监督与评估

建立健全的内控监督机制，对内控活动的执行情况进行定期检查和评估。利用大数据技术进行内控效果的量化分析和评估，发现内控活动中的问题和不足，并及时改进。

5. 提升内控人员的专业能力和素质

加强内控人员的培训和教育，提升他们的数据分析能力、风险评估能力和信息技术应用能力。招聘具备大数据、云计算、人工智能等专业技能的人才，加强内控团队的专业性和技术性。

（四）加强信息沟通与监督

在大数据时代，加强企业财务内控管理的信息沟通与监督是确保内控体系有效运行的重要手段。建立高效的信息沟通机制、提升信息报告的透明度和及时性、加强内部审计和监控、提高员工对内控管理的认识和参与度等方面的努力，将有助于企业在大数据时代背景下加强财务内控管理的信息沟通与监督。

1. 建立高效的信息沟通机制

利用大数据技术和工具，如企业资源规划系统、数据仓库等，实现财务信息的实时采集、整合和共享。建立跨部门的信息沟通平台，促进财务与业务、审计、风险管理等部门之间的信息共享和协同工作。定期召开内控管理会议，及时传达内控政策和要求，讨论和解决内控管理中存在的问题。

2. 提升信息报告的透明度和及时性

制定清晰的信息报告流程和规范，确保关键财务信息和内控管理情况能够及时、准确地报告给管理层和关键决策人员。采用大数据技术，对财务报告进行自动化处理和审核，提高报告生成的速度和准确性。鼓励员工积极参与信息报告，建立员工建议反馈机制，提高信息的透明度和参与度。

3. 加强内部审计和监控

建立健全的内部审计体系，定期对财务内控管理进行审计和评估，确保内控政策和流程得到有效执行。利用大数据技术进行实时监控和预警，及时发现内控管理中的异常和潜在风险。强化对审计结果和监控数据的分析和应用，提出改进意见和建议，推动内控管理的持续改进。

4. 提高员工对内控管理的认识和参与度

加强内控管理的培训和宣传，提高员工对内控政策和流程的理解和认识。建立员工参与内控管理的激励机制，鼓励员工积极参与内控管理的改进过程，提出改进意见和建议。定期举办内控管理知识竞赛等活动，提高员工对内控管理的兴趣和参与度。

（五）持续改进与创新

在大数据时代，利用大数据技术进行内控分析与优化、强化内控管理的数字化与智能化、建立动态的内控评估与反馈机制、加强内控管理的风险导向、培养内控管理人才的创新意识等，将有助于企业在大数据时代背景下实现财务内控管理的持续改进与创新。

1. 利用大数据技术进行内控分析与优化

收集和分析企业内部的各类财务数据和非财务数据，识别内控管理中的薄弱环节和潜在风险。运用大数据技术和工具，如数据挖掘、预测分析等，对内控流程进行持续优化，提高内控管理的效率和准确性。

2. 强化内控管理的数字化与智能化

推动内控管理的数字化转型，利用云计算、大数据等技术手段提升内控管理的智能化水平。引入自动化工具和智能技术，如内控机器人、自动化审计系统等，减少人工干预，提高内控管理的效率和准确性。

3. 建立动态的内控评估与反馈机制

定期对内控管理进行评估和审查，识别存在的问题和漏洞。建立内控管理的反馈机制，鼓励员工积极参与内控管理的改进过程，提出改进意见和建议。根据评估结果和反馈意见，及时调整和优化内控管理措施，确保内控管理的持续改进。

4. 加强内控管理的风险导向

强化对内控管理的风险评估和监控，及时发现潜在风险并采取相应措施进行防范和控制。将内控管理与企业的风险管理相结合，构建全面、系统的风险管理体系。

5. 培养内控管理人才的创新意识

加强对内控管理人才的培养和教育，提升他们的专业素质和创新能力。鼓励内控管理人员积极参与创新活动，提出新的内控管理理念和方法，为企业的内控管理改进和创新贡献力量。

第六章　大数据时代下的财务会计发展方向

随着人工智能和机器学习技术的发展，未来的财务会计将更加智能化和自动化。智能会计和自动化工具能够处理大量的财务数据，进行自动化审计、预测分析和决策支持，提高工作效率和准确性。大数据技术的应用将使得财务会计能够处理和分析前所未有的大量数据，并通过数据挖掘和分析为企业提供更深入、全面的洞察，帮助企业做出更明智的决策。云计算将推动财务会计的数字化转型，实现财务数据的集中存储、共享和实时处理。数字化将提高财务会计的灵活性和可访问性，同时也加强了数据的安全性和隐私保护。随着社会对可持续性和社会责任的关注增加，未来的财务会计将更加注重 ESG 因素，企业需要报告其在环境、社会和治理方面的表现，以满足投资者、消费者和其他利益相关者的需求。随着全球化和监管环境的变化，未来的财务会计将更加注重法律法规和合规性，企业需要遵守各种国际和国内的会计标准，确保财务报告的准确性和合规性，同时也需要加强内部控制和风险管理。

财务会计的未来发展方向将是智能化、大数据化、云计算化、ESG 化、法规化和专业多元化。这些发展方向将推动财务会计领域的创新和变革，为企业提供更加高效、准确和有价值的财务信息支持。同时，企业也需要不断适应和应对新的挑战和机遇，持续保持创新和改进，不断投入资源和技术力量，推动财务会计工作的智能化、高效化和价值化。企业还需要培养具备专业知识和技能的财务会计人才，也需要吸引具备跨学科背景和多元化思维的复合型人才，以应对不断变化的市场需求和技术挑战。

第一节　财务会计的数字转型

在大数据时代，信息技术对财务会计的数字转型影响体现在两个方面：一方面是财务会计领域本身的数字化升级，通过先进的信息技术改造传统的会计核算处理方式，提升财务会计核算的效率和准确性；另一方面数字经济驱动产生了一些类数字型企业，其业务模式的核算处理对传统会计处理提出了挑战，财务会计核算处理需要与时俱进，对新模式、新业务进行准确的计量与核算。

一、财务会计的行业数字化

财务会计领域的数字化是指利用先进的信息技术和数据分析工具，对传统财务会计流程、方法和工具进行深度改造与升级，实现财务信息的自动化、智能化处理，提高财务工作效率和准确性，为企业提供更及时、更有价值的财务信息支持。

（一）建立会计数据标准体系

国家主管会计工作的相关部门要统筹领导、建立国家或行业层面的会计数据标准体系，从会计数据的输入、处理和输出等环节做出具体要求，引导行业企业规范会计数据应用。

1. 输入环节

加快制定、试点和推广电子凭证会计数据标准，统筹解决电子票据接收、入账和归档全流程的自动化、无纸化问题，实现电子凭证会计数据标准对主要电子票据类型的有效覆盖。

2. 处理环节

探索制定财务会计软件底层会计数据标准，规范会计核算系统的业务规则和技术标准，在一定范围进行试点，满足各社会组织对会计信息标准化的需求，提升相关监管部门获取会计数据生产系统中底层数据的能力。

3. 输出环节

推广实施企业财务报表会计数据标准，推动企业向不同监管部门报送的各种报表中的会计数据口径尽可能地实现统一，降低编制及报送成本、提高报表信息质量，增强会计数据共享水平，提升监管效能。

（二）完善会计信息化工作规范

国家相关机关和会计行业协会应完善会计信息化工作规范和财务软件功能规范，规范信息化环境下的会计工作，提高财务软件质量，为会计数字化转型提供制度支撑。

1. 明确目标与原则

确定会计信息化的目标，如提高工作效率、确保数据准确性、加强内部控制等。确立工作原则，如系统性、安全性、可靠性、易用性等。

2. 设立数据管理与安全规范

梳理会计信息化涉及的各个环节，包括数据采集、录入、处理、审核、报告等。制定数据备份和恢复策略，确保数据的安全性和完整性。实施访问控制和权限管理，防止未授权的用户对数据访问和篡改。加强对敏感信息的保护，如采用加密技术、定期审计等。

3. 强化系统开发与维护管理

建立系统开发、测试、上线和维护的标准流程。确保系统的稳定性、兼容性和可扩展性。定期对系统进行性能评估和优化。

4. 建立监督与评估机制

设立专门的监督机构或岗位，负责会计信息化工作的日常监督和检查。定期进行会计信息化工作的评估，包括系统性能、数据质量、工作效率等方面。

5. 合规性考虑

确保会计信息化工作符合相关法律法规和行业标准的要求。定期进行合规性审查，及时发现并纠正可能存在的问题。

（三）加速会计数据要素流通

以会计数据标准为抓手，支持各类票据电子化改革，推进企业财务报表数字化，推动企业会计信息系统数据架构趋于一致。国家相关机构要制定实施小微企业会计数据的增信标准，助力缓解融资难、融资贵问题，促进会计数据要素的流通和利用，发挥会计信息在资源配置中的支撑作用。利用大数据等技术手段，加强会计数据与相关数据的整合分析，及时反映宏观经济总体运行状况及发展趋势，为财政政策、产业发展政策以及宏观经济管理决策提供参考，发挥会计信息对宏观经济管理的服务作用。

（四）加强会计信息安全和监管

针对不同类型的单位，国家相关机构要建立健全的会计信息分级分类安全管理制度、安全技术标准和监控体系，加强对会计信息系统的审计，建立信息安全的有效保障机制和应急处理机制。探索跨境会计信息监管标准、方法和路径，防止境内、外有关机构和个人通过违法违规和不当手段获取、传输会计信息，切实保障国家信息安全。

二、数字产业化的财务会计

数字经济促推数字型企业发展，给企业财务会计核算工作带来新的挑战。新兴数字经济核算业务拓展了财务会计核算的范围，对会计本质、会计假设、会计分期、会计计量、财务报告等产生了极大的影响。

（一）数字产业型企业的类型与特征

数字产业型企业指的是以数字技术的创新和应用为核心，通过数字技术的研发、应用、推广和服务，实现产业升级和转型，推动数字经济发展的企业。这些企业通常涉及云计算、大数据、人工智能、物联网、电子商务等数字技术的研发和应用，以及数字化产品和服务的生产和销售。

1. 数字产业型企业的类型

数字产业型企业可以根据其主营业务和核心竞争力分为不同的类型。

（1）基础设施提供商：这些企业专注于提供数字产业所需的基础设施，如云计算平台、数据中心、网络设备等。它们是数字经济的基石，为其他数字产业型企业提供稳定、高效的技术支持。

（2）软件和服务提供商：这类企业开发并提供各种软件应用和服务，包括操作系统、数据库、办公软件、企业级应用、游戏等。它们的产品和服务广泛应用于各行各业，推动数字化转型和创新。

（3）电子商务平台：这类平台是数字产业的重要组成部分，它们为消费者和企业提供在线购物、交易、支付等一站式服务。这些平台通过连接买家和卖家，促进了商品和服务的流通，降低了交易成本。

（4）数据分析与人工智能企业：这类企业专注于大数据分析和人工智能技术的研发与应用。它们利用先进的数据分析工具和算法，从海量数据中提取有价值的信息，为客户提供决策支持、优化运营等服务。同时，它们还开发各种人工智能应用，推动产业智能化升级。

2. 数字产业型企业的特征

（1）数据驱动决策：数字产业型企业高度依赖数据进行决策。它们通过收集、分析和利用大量数据来洞察市场趋势、客户需求和业务机会，从而制定更明智的战略和计划。

（2）技术创新导向：在数字产业中，技术创新是企业保持竞争力的关键。数字产业型企业注重研发投入，不断推出新产品和服务，以满足市场不断变化的需求。同时，它们还积极采用新技术来优化生产流程、降低成本和提高效率。

（3）业务模式创新：数字产业型企业往往采用创新的业务模式来打破传统行业的束缚。例如，通过平台化运营、共享经济等方式来拓展业务范围、增加收入来源。这些创新的业务模式有助于企业在激烈的市场竞争中脱颖而出。

（4）全球化运营：数字产业型企业通常具有全球化的视野和运营能力。它们利用互联网和信息技术跨越地域限制，在全球范围内开展业务合作和市场竞争。这有助于企业拓展市场份额、获取优质资源和降低运营风险。

（5）注重用户体验：在数字产业中，用户体验是企业成功的关键因素之一。数字产业型企业注重从用户的角度出发，设计优质的产品和服务体验，以提高用户满意度和忠诚度。它们通过不断优化用户界面、提升服务质量等方式来增强用户体验。

（二）数据产业型企业的典型会计业务

数据产业型企业的典型会计业务涵盖了电子商务交易处理、数字产品或服务的收入确认、数据资产核算、研发费用处理、成本管理、税务处理以及财务报告等方面。这些业务要求会计从业人员具备扎实的会计专业知识和技能，同时不断适应数字产业的发展变化，提高自身的专业素养和综合能力。

1. 电子商务交易处理

数字产业中的许多公司通过电子商务平台进行销售。因此，处理电子商务交易成为会计的一个重要任务，包括确认订单、处理支付、开具发票、记录销售收入等。

2. 数字产品或服务的收入确认

与传统的实体产品不同，数据产业型企业的收入主要来源于数据产品的销售、数据服务的提供以及数据分析报告的出具等。数字产品或服务（如软件、应用、订阅服务）的收入确认可能涉及更复杂的会计准则和规定。会计从业人员需要根据会计准则和合同约定，合理确认和计量收入，确保收入的准确性和完整性。这包括对收入的确认时点、确认条件、计量方法等进行判断和选择。

3. 数据资产核算

数据产业型企业的核心资产是数据，因此数据资产的核算是会计工作的重点。会计从业人员需要对数据的采集、清洗、存储、加工、销售等全过程进行准确核算，确保数据资产的价值能被真实反映。这包括对数据资产的成本、收入、折旧、摊销等进行合理计量和记录。

4. 研发费用处理

数据产业型企业通常需要进行大量的研发活动，以开发新的数据处理技术、算法和模型等。这些研发费用是会计从业人员需要重点关注和处理的。他们需要确保研发费用的合理归集和分配，以及符合相关法律法规和会计准则的要求。

5. 成本管理

数据产业型企业在运营过程中会产生各种成本，如数据采集成本、存储成本、处理成本、人工成本等。直接成本可能与数字产品的开发、制造和分销有关，而间接成本可能涉及研发、营销和行政费用等。会计从业人员需要对这些成本进行有效分析和控制，找出成本节约的潜力和途径，提高企业的经济效益。

6. 税务处理

数字产业可能涉及多个国家和地区的税务规定。会计从业人员需要了解并遵守这些规定，确保公司的税务合规性，并进行合理的税务筹划，降低企业的税负。这包括计算并支付各种税款、准备税务申报表以及与税务机关的沟通等。

7. 财务报告

数据产业型企业的会计从业人员需要定期编制财务报告，向企业管理层和外部投资者提供关于企业财务状况、经营成果和现金流量等方面的信息。同时，他们还需要利用财务报告和其他相关信息，为企业管理层提供决策支持，帮助企业制定合理的发展战略和经营计划。

第二节　财务会计的发展趋势

财务会计未来的发展趋势将受到多个因素的影响，包括技术进步、法规环境变化、全球化和市场竞争等。财务会计将更加深入地融合到企业的业务活动中，业财融合将促进财务和业务人员的职能互通，提高企业的整体效率和竞争力。智能化财务是未来会计发展的重要方向。随着信息技术的快速发展，财务会计将逐步实现数字化转型，云计算、大数据、人工智能等技术的应用将提高会计核算、财务分析和决策的效率与质量。通过大数据技术，会计数据和会计信息的价值将进一步放大，并为企业制定战略、进行投资决策、管理风险等提供有价值的信息和建议。

一、业财融合一体化

业财融合是指企业利用信息平台数据实时共享的特点，将财务管理的概念融入业务管理的全过程，实现企业业务与财务的相互联系、相互融合，最终达到有效配置企业资源、提升企业价值的目的。

（一）业财融合的特点

1. 全局性

业财融合最终要实现企业业务与财务全面的有机融合，涵盖了企业开展的全部业务及业务开展的全过程，同时需要企业管理层和全体员工的支持和推动，这将影响公司的整体经营战略。

2. 协作性

企业实现业财融合的过程中，需要业务部门同财务部门协作、深度交流、信息共享，最终在企业层面达到口径一致，消除企业信息孤岛现象。

3. 开放性

业财融合依托扁平化组织架构，没有明显的管理界限和层级隔阂，并且以信息化平台为载体，对内、外部因素变化敏感，利于企业的战略调整。

4. 阶段性

业财融合属于企业战略性举措，对企业的影响范围广、意义重大且深远，如信息平台搭建、人员的再调配、运营模式改变、战略调整等。需要企业结合自身实际情况综合考虑、逐步开展。

（二）业财融合的实现途径

1. 转变管理模式，搭建信息平台

业财融合的关键在于利用信息化平台信息数据实时传递的特点，实现财务业务的一体化管控，提高财务数据整理以及业务流程运行的效率。业财融合不仅更新了财务管理的相关理念，也对企业管理模式造成了一定的冲击和影响。业财融合模式的建立，极大程度上实现了企业信息的互通有无、业务开展的实时监督等，大大增强了财务数据的时效性。因此，企业实现业财融合的关键就在于根据企业运营实际情况搭建信息系统，转变企业的管理模式。

2. 重组业务流程，调整组织架构

从实质上看，企业对信息平台的搭建过程也是对原有业务流程的创新、倾覆的过程。通过调整组织结构，进行扁平化组织管理，结合信息系统实现财务系统与业务系统、管理系统在企业层面的集成运用，对业务流程和企业管理可以进行全过程、全方位、全时段的全面把控，提高企业财务效率，降低企业运营风险。

3. 统一业财口径，分步业财融合

搭建信息平台完成业务流程重组后，要制定相应的组织标准，以规范财务基础数据和业务数据口径的一致。必要时，可以通过第三方数据转换平台完成财务数据与业务信息的对接，以达到业务和财务的高度融合。

最后根据企业内部各部门的实际状况确定业财融合实现的先后顺序，分步实现企业全面的业财融合。

二、技财融合智能化

技财融合是指将新一代人工智能、OCR、RPA 等新技术应用到会计领域，利用人工智能技术来简化会计工作流程，提高会计工作效率，实现会计信息化和自动化的一种技术手段。

（一）技财融合的特点

1. 自动化

技财融合可以实现自动化处理，通过预设的规则和算法，自动完成数据的收集、整理、分析和报告等工作，减少了人工干预和错误的可能性。

2. 智能化决策

技财融合可以利用人工智能和机器学习技术，对海量数据进行深度挖掘和分析，发现数据背后的规律和趋势，为企业的决策提供智能化的支持。

3. 实时监控

技财融合可以实时监控企业的财务状况和运营情况，包括资金流向、成本控制、销售情况等，帮助企业及时发现问题并采取相应的措施。

4. 高效性

技财融合大大提高了会计工作的效率，通过自动化的处理和智能化的决策，减少了人工操作的时间和成本，提高了企业的运营效率。

5. 标准化

技财融合可以实现标准化管理，通过预设的规则和流程，确保会计工作的准确性和规范性，提高企业的管理水平和风险控制能力。

6. 可扩展性

技财融合具有良好的可扩展性，可以根据企业的需求进行定制和开发，满足企业的个性化需求。

（二）技财融合的实现途径

1. 标准化和规范化

这是技财融合的基础。企业需要制定并实施统一的会计数据标准，包括输入、处理和输出环节的会计数据标准。同时，规范会计核算系统的业务规则和技术标准，以确保会计信息的准确性和可比性。

2. 流程化和自动化

通过细致的分解和优化财务流程，构造端到端的业务流程，并严格按照流程进行业务驱动，以提高财务的业务处理效率和业务输出质量。此外，企业应实现会计凭证的自动生成、自动记账、自动报表等自动化操作，减少人工干预，提高数据处理效率。

3. 信息化和数字化

企业应建立财务共享服务中心，搭建统一的平台，将财务政策、制度、流程固化于统一的系统中，开展数据的承载、加工、传递、存储工作，实现业务层、核算层、管理层、决策层的有机结合。同时，利用大数据、云计算、人工智能等数字技术，对会计数据进行深度挖掘和分析，为企业的决策提供有力支持。

4. 人才培养和团队建设

技财融合需要一支具备数字化思维和技能的会计团队。企业应加强对会计从业人员的培训和教育，提高他们的数字化素养和技能水平。同时，积极引进具有数字化背景的人才，优化团队结构，提高团队的整体素质。

5. 外部合作和协同

企业可以与外部的专业机构、技术提供商等建立合作关系，共同推进技财融合。通过合作，企业可以获取更多的资源和技术支持，加速融合进程。

三、管财融合价值化

管财融合是指将企业管理和财务业务融合，通过深入分析企业的财务状况、经营成果和现金流量等信息，会计从业人员可以为企业提供有关战略决策、风险管理、业绩评估等方面的有价值的信息和建议，帮助企业实现可持续发展和长期价值创造。

（一）管财融合的特点

1. 价值导向

管财融合以价值为导向，将企业的财务信息与战略决策、风险管理、业绩评估等相结合，为企业创造价值提供支持。

2. 全面性

管财融合涵盖了企业的各个方面，包括财务、战略、市场、运营等，对企业进行全面的分析和评估，提供更加全面、准确的信息。

3. 决策支持

管财融合为企业决策提供支持，通过深入分析企业的财务状况和经营成果，为企业制定战略、进行投资决策、管理风险等提供有价值的信息和建议。

4. 透明度

管财融合强调会计信息的透明度和可信度，通过建立完善的内部控制和审计机制，确保会计信息的真实性和准确性，为企业决策提供可靠的支持。

5. 动态性

管财融合是一个动态的过程，随着企业内、外部环境的变化，会计价值化也需要不断调整和优化，以适应新的需求和挑战。

（二）管财融合的实现途径

1. 由“事后算账”转向“事前预测，事中控制”

传统的会计工作就是将数据汇总，做凭证、报表，不会考虑能为企业带来什么利益。在大数据时代，新兴技术的运用促进了核算时间的缩短，加强了对各种会计信息的分析，这些分析可以在业务开展前及企业决策中作为辅助数据为决策的制定提供帮助。现代会计应将数据的分析和评价作为主要工作内容，主动地提供数据支撑，在企业利润增长、重大决策和未来发展中积极参与和讨论，提供帮助。

2. 由“静态控制”转向“动态控制”

传统的会计工作受到技术和人员素质的诸多限制，一般都是进行静态预算、反馈、预测及控制，这种方式无法保证数据的实时性和准确性，不利于企业对数据的正确理解和把握，财务作为企业的重要部门，更无法为企业的长久发展指出正确的方向。在大数据时代，在全新的互联网工具以及新型业务管理模式下，财务部门与各业务部门可以无障碍沟通，信息的准确性和及时性也有重大提升，使财务人员能够更加容易参与企业活动以及决策，有效帮助企业内部管理，并且在企业的经营全过程中，根据不同的状况进行适当的调整，为企业剔除可能发生的风险、损失，将企业的成本控制在合理范围内，尽可能地使企业的经营利润保持稳步增长。

3. 由“部分控制”转向“全面控制”

在大数据的影响下，财务部门与其他部门可以做到沟通无障碍、信息共享，即财务信息反映的不再是不完整、不全面的企业经营数据，而是将企业部门的数据融入财务数据当中，使财务数据更加全面、具体，各部门也能根据财务数据了解业务情况，与预期进行对比，并能利用数据开展下一步计划。因此，财务部门与其他业务部门的完美衔接，促进了数据从片面到全面，从简单到复杂的演进，使财务部门从“部分控制”转向“全面控制”。

第三节　财务会计的人才培养

大数据时代下的财务会计工作更加注重业财融合和价值管理，要求财务会计从业人员具备更高的数据处理和分析能力。未来，财务会计从业人员将更多地扮演数据分析师、业务顾问等角色，需要更加注重创新思维和解决问题的能力，也需要更加注重信息安全和风险管理。因此，在财务会计从业人员培养过程中，需要注重提高他们的数据处理、数据挖掘和数据分析能力，帮助他们掌握大数据技术和工具，从而更好地应对海量数据带来的挑战；需要注重培养他们的综合素质和跨学科知识，让他们了解企业的业务流程和战略发展方向，从而更好地为企业的价值管理和决策提供支持；需要注重培养他们的创新思维和实践能力，让他们具备更强的解决问题和应对变化的能力；需要注重培养他们的信息安全意识和风险管理能力，让他们了解如何保护企业的财务信息和数据安全。

一、大数据时代对财务会计从业人员的要求

由于职业惯性和受稳健性、谨慎性职业思维的长期影响，财务会计从业人员最大的问题在于固守成规。在大数据时代，财务会计从业人员应从只关注数据收集中走出来，主动挖掘数据，帮助企业获得对未来敏锐的洞察力，为商业决策提供真正有价值的信息，只有这样，财务会计从业人员才能更好地创造价值。

（一）能力要求

在大数据时代，企业财务会计人员需要掌握的专业能力已经发生了显著的变化，这主要体现在对新技术和新方法的掌握和应用上。

1. 数据分析能力

在大数据背景下，企业财务会计人员需要熟练掌握数据分析工具和方法，如 Excel、Python、RPA 等，能够处理和分析海量的财务数据，从中提取出有价值的信息，为企业的决策提供数据支持。

2. 智能化技术应用能力

企业财务会计人员需要了解并掌握如机器学习、人工智能、自动化流程等智能化技术，能够将这些技术应用到实际的财务工作中，如自动化账单处理、智能风险评估等，提高工作效率和准确性。

3. 业务理解能力

企业财务会计人员不仅需要懂财务，还需要深入理解企业的业务模式和运营流程。他们需要能够解读业务需求、理解市场动态，以便更好地运用财务知识和智能化技术，为企业的发展提供支持。

4. 风险管理和内部控制能力

在智能财务时代，企业的财务风险呈现出新的特点。企业财务会计人员需要具备风险管理的意识和能力，能够识别、评估和控制企业面临的财务风险，同时加强内部控制，确保财务信息的准确性和完整性。

5. 沟通协调能力

随着跨部门、跨领域合作的增多，企业财务会计人员需要具备良好的沟通能力和团队协作精神。他们需要与企业的其他部门以及外部合作伙伴进行有效的沟通和协调，确保财务会计工作的顺利进行。

6. 持续学习和创新能力

智能财务时代变化迅速，新的技术和理念不断涌现。财务会计从业人员需要具备持续学习和创新的能力，不断更新自己的知识和技能，适应新的技术和环境，为企业的财务管理注入新的活力。

（二）技术要求

在大数据时代，企业财务会计人员需要掌握一系列智能化技术，以适应财务会计管理的新需求。

1. 数据分析和可视化技术

财务会计从业人员需要掌握数据分析技术，如数据挖掘、数据清洗和预测分析等，以从海量数据中提取有价值的信息。同时，数据可视化技术如 Tableau、Power BI 等也能够帮助财务会计从业人员更直观地分析和展示数据。

2. 自动化和智能化流程技术

通过自动化和智能化流程技术，如 RPA 和 AI 技术，财务会计从业人员可以优化和简化财务流程，提高工作效率。这些技术可以应用于自动化账单处理、智能发票识别、自动化报告生成等方面。

3. 云计算和 SaaS 技术

云计算和 SaaS 技术为财务管理提供了更高效、灵活和可扩展的解决方案。财务会计从业人员需要了解如何利用这些技术来存储、处理和分析数据，以及如何选择合适的云服务和 SaaS 产品来满足企业的财务会计管理需求。

4. 机器学习和人工智能技术

机器学习和人工智能技术在财务会计领域的应用日益广泛，如智能风险评估、欺诈检测、智能投资顾问等。财务会计从业人员需要了解这些技术的基本原理和应用场景，以便更好地利用它们来改进财务会计管理工作。

5. 区块链技术

区块链技术为财务会计管理提供了更高的透明度和安全性。财务会计从业人员需要了解区块链的基本原理和在财务领域的应用潜力，如智能合约、分布式账本等，以探索新的财务管理模式。

二、院校会计专业学科的人才培养

大数据背景下的财务会计人才培养需要高校、企业和社会共同努力。通过优化课程设置、加强实践教学、提升师资力量和强化技能培养，院校可以培养出既具备扎实财务会计知识又掌握大数据技能的复合型人才，为财务会计领域的持续发展注入新的活力。

（一）培养目标

1. 掌握大数据技术

财务会计人才需要掌握大数据技术，包括数据挖掘、数据分析、数据可视化等方面的知识和技能，以便能够从海量数据中提取有价值的信息，为企业的决策提供数据支持。

2. 具备跨界融合能力

在大数据时代，财务会计不再是一个孤立的领域，而是与业务、市场、技术等多个领域紧密相连。因此，财务会计人才需要具备跨界融合的能力，能够与其他领域的人员进行有效的沟通和协作。

3. 强化风险管理意识

在大数据时代，企业的财务风险也呈现出新的特点。财务会计人才需要强化风险管理意识，掌握风险识别、评估和控制的方法和技能，有效防范和化解财务风险。

4. 提高决策分析能力

在大数据时代，企业的决策需要更加科学和精准。财务会计人才需要提高决策分析能力，能够运用大数据技术和财务分析方法，对企业的财务状况、经营成果和现金流量等进行全面、深入的分析和评价，为企业的决策提供科学依据。

5. 培养创新精神和终身学习能力

大数据时代变化迅速，财务会计人才需要具备创新精神和终身学习能力，不断适应新的技术和环境，持续更新自己的知识和技能，保持竞争优势。

（二）课程设置

1. 优化课程结构

（1）模块化设置。将课程按照模块化进行设置，如基础会计模块、财务管理模块、智能化技术应用模块等，使学生能够根据自己的兴趣和需求进行选修。

（2）理论与实践相结合。在每个模块中，都应包含理论课程和实践课程，确保学生在掌握理论知识的同时也能够进行实践操作。

（3）循序渐进。课程设置应遵循循序渐进的原则，先易后难，先基础后专业，确保学生能够逐步适应和掌握所学知识。

2. 更新课程内容

在财务会计专业课程体系中，应增设大数据分析、数据挖掘、数据可视化、RPA 财务机器人应用、区块链技术等课程，使学生掌握大数据处理和分析的基本技能。

（1）融合智能化技术。将智能化技术，如大数据分析、人工智能、区块链等，融入会计专业的课程中，使学生掌握这些技术在财务会计领域的应用。

（2）强化数据分析课程。增加数据分析相关课程，如数据挖掘、数据可视化等，培养学生的数据分析能力。

（3）更新传统课程。对传统会计课程进行更新，融入新的理论、方法和案例，使其与智能财务时代的发展保持同步。

3. 强化跨学科融合

鼓励财务会计专业的学生选修计算机科学、统计学、经济学等相关学科课程，以拓宽知识面，提高综合素质。

（1）计算机科学。增加计算机科学相关课程，如编程基础、数据库管理等，帮助学生理解智能化技术的原理和应用。

（2）经济学与管理学。加强经济学与管理学的课程，如微观经济学、宏观经济学、公司战略等，培养学生的经济思维和管理能力。

（3）法律与伦理。强化法律与伦理课程，如财务法律法规、职业道德等，提高学生的法律意识和职业素养。

（三）实践教学

1. 建立智能财务实训室

高校应建立大数据实训室、财务机器实训室、会计信息系统应用实训室等，为学生提供实践平台，让他们在实践中掌握大数据处理和智能化分析技能。

2. 引入智能化技术实践平台

学校可以与企业合作，引入智能化技术实践平台，如财务机器人、智能化财务系统等。通过实际操作，学生可以亲身体验智能化技术在财务会计工作中的应用，加深对智能化技术的理解和掌握。

3. 开展校企合作

高校应与企业合作，共同开展实践教学项目，引入企业真实的实践案例，对接企业真实的业务平台，使学生在实际项目中锻炼大数据应用能力。

4. 创新教学方法

（1）案例教学。充分利用实际案例进行教学，帮助学生将理论知识与实际问题相结合，提高解决问题的能力。

（2）仿真模拟。利用仿真模拟软件或平台，模拟真实的财务环境和业务流程，让学生在模拟中学习和实践。

（3）在线教育。利用在线教育平台，提供丰富的在线课程资源，方便学生进行自主学习和拓展学习。

（四）师资力量

大数据背景下财务会计的人才培养需要高校、企业和社会共同努力。通过优化课程设置、加强实践教学、提升师资力量和强化技能培养，我们可以培养出既具备扎实财务会计知识又掌握大数据技能的复合型人才，为财务会计领域的持续发展注入新的活力。

1. 提升教师的智能化技术应用能力

鼓励和支持教师参加智能化技术相关的培训和学习，如数据分析、人工智能、自动化流程等，提高教师的智能化技术应用能力。同时，可以邀请企业专家或行业内的技术专家来学校举办讲座或培训，使教师了解最新的智能化技术应用和发展趋势。

2. 加强教师的实践经验

鼓励教师参与企业实践、行业研究等活动，了解实际财务会计工作中的问题和需求，增加教师的实践经验。同时，教师可以与企业合作建立实践基地，为教师提供实践机会和资源，促进教师理论与实践的结合。

3. 加强跨学科交流与合作

在智能财务时代，财务会计管理与计算机科学、数据科学等领域的交叉融合越来越紧密。因此，应加强与其他相关学科的交流与合作，共同进行课程开发和教学研究，提高教师的跨学科融合能力。

4. 建立激励机制和评价体系

建立科学的激励机制和评价体系，鼓励教师在教学、科研和实践等方面做出贡献。同时，加强对教师教学质量的评估和反馈，帮助教师发现自身的不足并改进教学方法和手段。

5. 引进优秀人才

积极引进具有丰富智能化技术应用经验和实践经验的优秀人才，补充和壮大教师队伍。同时，注重引进具有国际化视野和背景的人才，提高教师队伍的国际化水平。

三、企业财务会计人员的专业能力提升

在大数据时代，企业财务会计人员不仅需要掌握传统的财务知识和技能，还需要具备数据分析能力、数据驱动决策能力以及新技术和工具的应用能力。

（一）提升目标

1. 分析能力

增强企业财务会计人员的数据分析能力，使其能够熟练运用数据分析工具和技术进行数据挖掘、分析和解读。

2. 决策能力

提升企业财务会计人员的数据驱动决策能力，使其能够基于数据分析结果为企业战略和运营提供有力支持。

3. 应用能力

培养企业财务会计人员对新技术和新工具的接受和应用能力，以适应财务管理数字化的发展趋势。

4. 安全意识

强化企业财务会计人员的信息安全和伦理意识，确保在处理和分析数据时能够遵循相关法律法规和企业内部规范。

（二）提升策略

1. 加强智能化技术培训

针对企业财务会计人员，组织定期的智能化技术培训，包括数据分析、自

动化流程、人工智能等相关技术培训。通过培训，使企业财务会计人员掌握智能化工具的使用方法，提高工作效率和准确性。

2. 实施轮岗与交叉培训

实施轮岗制度，让企业财务会计人员在不同岗位上积累经验，拓宽视野。同时，进行交叉培训，让不同领域的财务会计人员相互学习，共享知识和经验，提升综合能力。

3. 鼓励持续学习与自我提升

鼓励企业财务会计人员利用业余时间进行持续学习，如参加在线课程、阅读专业书籍、参与行业研讨会等。企业可以为财务会计人员提供学习资源和支持，如购买在线课程、设立学习小组等。

4. 建立导师制度

为新入职的财务会计人员配备经验丰富的导师，进行一对一指导和帮助。通过导师的言传身教，使新员工更快地适应工作环境，掌握工作技能，提升工作能力。

5. 强化实践与应用能力

鼓励企业财务会计人员将所学知识应用于实际工作中，如参与项目实施、制定财务策略等。通过实践锻炼，提升企业财务会计人员的实际应用能力和解决问题的能力。

6. 建立激励机制

设立明确的晋升通道和激励机制，对表现优秀的财务会计人员给予奖励和提供晋升机会。通过激励机制，激发企业财务会计人员的工作积极性和自我提升的动力。

7. 加强团队建设与沟通协作

加强财务会计团队建设，营造良好的团队氛围。鼓励企业财务会计人员之间进行积极的沟通和协作，共同解决问题，提升团队整体效能。

（三）关键因素

1. 企业高层重视

大数据时代，知识极大丰富、更新速度极快。企业高层要重视人才培养工作，要意识到企业的核心竞争力就是企业员工的学习能力，要创造良好的学习环境，让企业变成学习型组织。

2. 持续学习意愿

随着科技的不断发展，新的智能化技术和理念不断涌现。企业财务会计人员需要具备持续学习的意愿和能力，不断更新自己的知识和技能，以适应新的技术和环境。只有持续学习，才能保持与时俱进，不被时代淘汰。

3. 创新意识和跨界思维

大数据时代要求企业财务会计人员不仅要具备扎实的财务知识，还需要有创新意识和跨界思维。创新意识能推动企业财务会计人员在工作中不断探索新的方法和思路，提升工作效率和质量。而跨界思维则能帮助企业财务会计人员更好地与其他部门或领域进行沟通和协作，实现资源的优化配置和共享。

参考文献

［1］王纪平，刘梅玲，吴忠生，等．智能财务师初级教程［M］．上海：上海财经大学出版社，2020.

［2］陈虎，孙彦丛，赵旖旎，等．财务机器人：RPA 的财务应用［M］．北京：中国财政经济出版社，2019.

［3］用友网络科技股份有限公司．企业数字化：目标、路径与实践［M］．北京：中信出版社，2019.

［4］王雅姝．大数据背景下的企业管理创新与实践［M］．北京：九州出版社，2019.

［5］金宏莉，曾红．大数据时代企业财务管理路径探究［M］．北京：中国书籍出版社，2021.

［6］刘春姣．互联网时代的企业财务会计实践发展研究［M］．成都：电子科技大学出版社，2019.

［7］董皓．智能时代财务管理［M］．北京：电子工业出版社，2018.

［8］陈虎，孙彦丛，郭奕，等．财务就是 IT：企业财务信息系统［M］．北京：中国财政经济出版社，2017.

［9］财政部．会计信息化发展规划（2021—2025 年）［EB/OL］．（2021－12－30）．https：//www.mof.gov.cn/gkml/caizhengwengao/wg2022/wg202202/202206/t20220616_3818674.htm？eqid＝83c179e80025dcc10000000364283f07.

［10］财政部．企业会计信息化工作规范［EB/OL］．（2013－12－06）．https：//www.gov.cn/gongbao/content/2014/content_2640865.htm.

［11］财政部．会计改革与发展“十四五”规划纲要［EB/OL］．（2021－11－14）．https：//www.gov.cn/zhengce/zhengceku/2021－11/30/content_56 54912.htm.

［12］财政部．会计行业人才发展规划（2021—2025 年）［EB/OL］．（2021－12－23）．https：//www.gov.cn/zhengce/zhengceku/2021－12/28/content_5664923.htm.

［13］张云．中国会计文化研究［D］．天津：天津财经大学，2007.

［14］于晓阳．大数据时代会计信息重构研究：动因、范式与路径［D］．北京：首都经济贸易大学，2019.

［15］赵树丽．大数据背景下企业会计面临的挑战及对策研究：以 A 公司为例［D］．沈阳：沈阳大学，2018.

［16］邹子衡．人工智能对会计行业的影响研究［D］．武汉：华中科技大学，2018.

［17］刘欣欣．业财融合背景下企业会计信息化研究［D］．沈阳：沈阳大学，2021.

［18］王云龙．基于业财融合的会计信息系统建设研究：以贵州 HD 零售公司为例［D］．贵阳：贵州财经大学，2020.

［19］王舰．智能化立体动态会计信息平台研究［D］．青岛：中国海洋大学，2013.

［20］杨智钧．Y 集团财务共享服务中心应用研究［D］．广州：广州大学，2023.

［21］张馨丹．中石油基于 RPA 的财务共享服务中心流程优化研究［D］．哈尔滨：哈尔滨商业大学，2023.

［22］常毓耘．财务共享服务中心流程优化中的 RPA 应用研究：以南方航空为例［D］．太原：山西财经大学，2023.

［23］王文静．财务转型背景下的智能财务构建研究［J］．财经界，2020（29）．

［24］刘勤，杨寅．改革开放 40 年的中国会计信息化：回顾与展望［J］．会计研究，2019（2）．

［25］刘勤，杨寅．智能财务的体系架构、实现路径和应用趋势探讨［J］．管理会计研究，2018（1）．

［26］成瑗．采购业务核算的智能化信息处理研究［D］．天津：天津商业大学，2010.

［27］杨静．会计信息系统中销售业务智能化核算研究［D］．天津：天津商业大学，2010.

［28］曾雪云，马宾，徐经长，等．区块链技术在财务与会计领域的未来应用：一个分析框架［J］．财务研究，2017（6）．

［29］王路．大数据的文化理解及其批判［D］．北京：中共中央党校，2021.

［30］蒋婕英．智能时代财务人员转型与绩效评价研究：基于人机共生视角［D］．上海：上海财经大学，2022.

［31］王宁．新时代会计专业核心能力缺失的问题及对策研究［D］．天津：天津体育学院，2021.